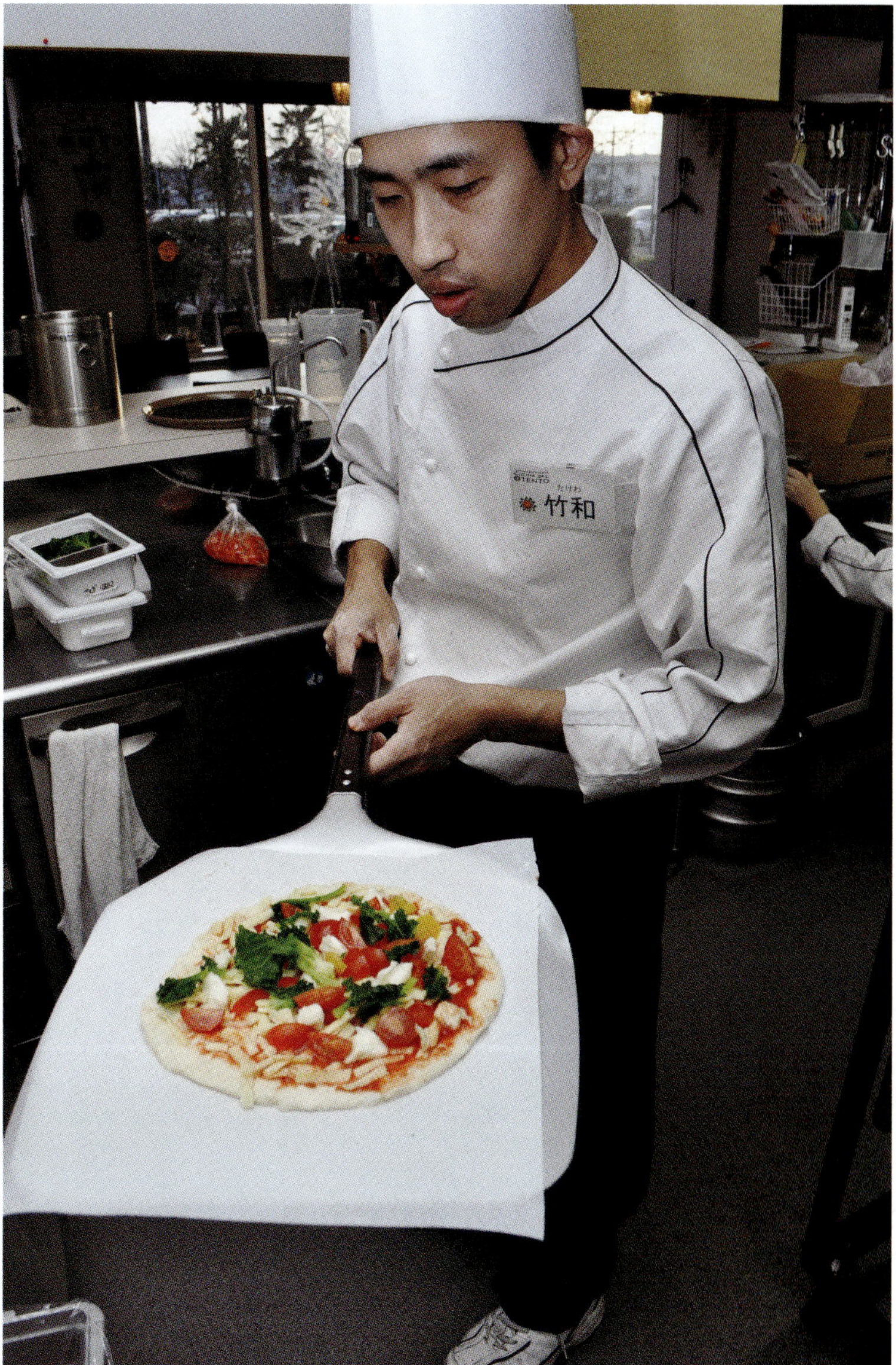

将来のシェフをめざして、料理づくりに励む（新潟県　クチーナ・デル・オテント）

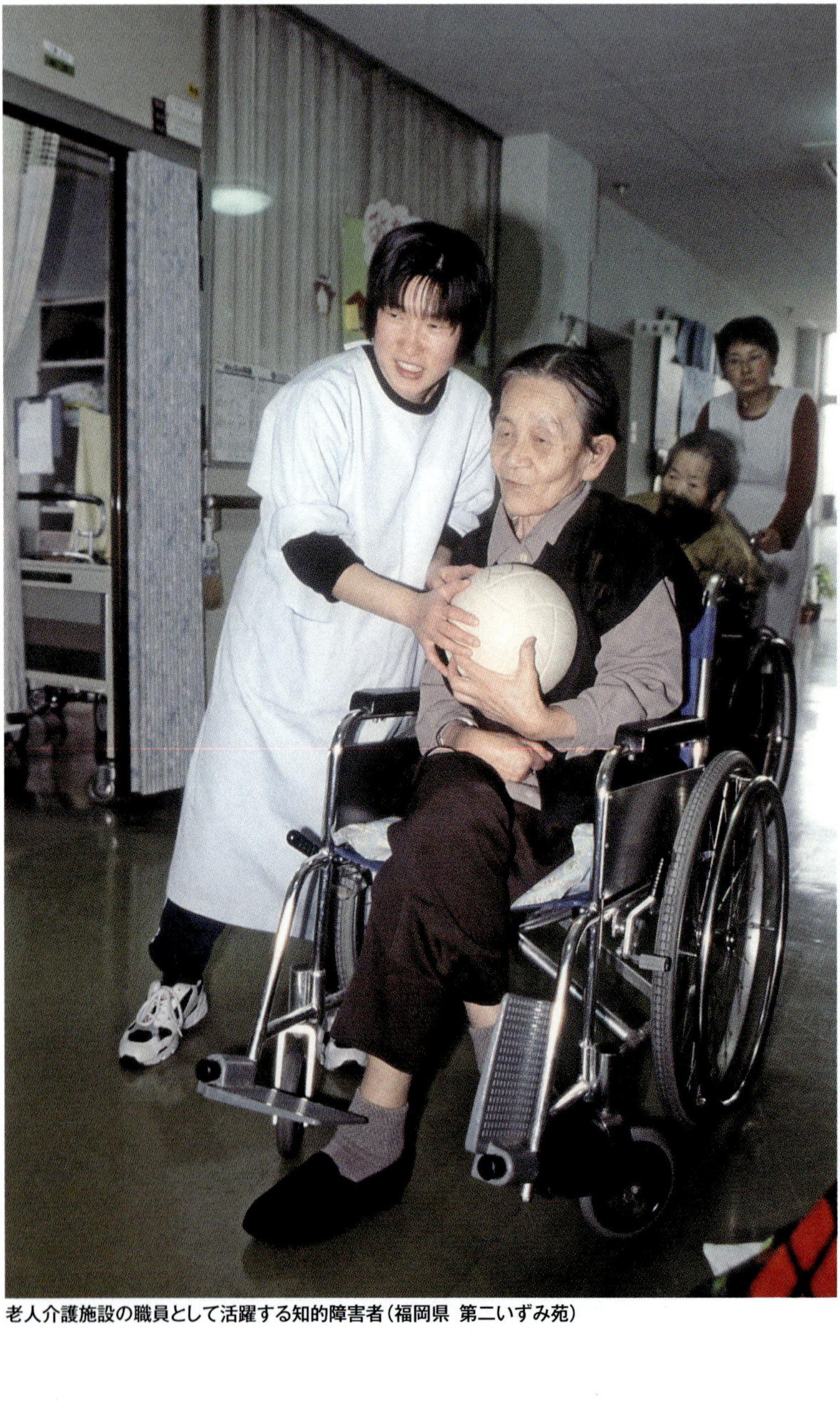

老人介護施設の職員として活躍する知的障害者(福岡県　第二いずみ苑)

40人の障害者が働くビュッフェレストランは、いつも、満員御礼(宮城県　六丁目農園)

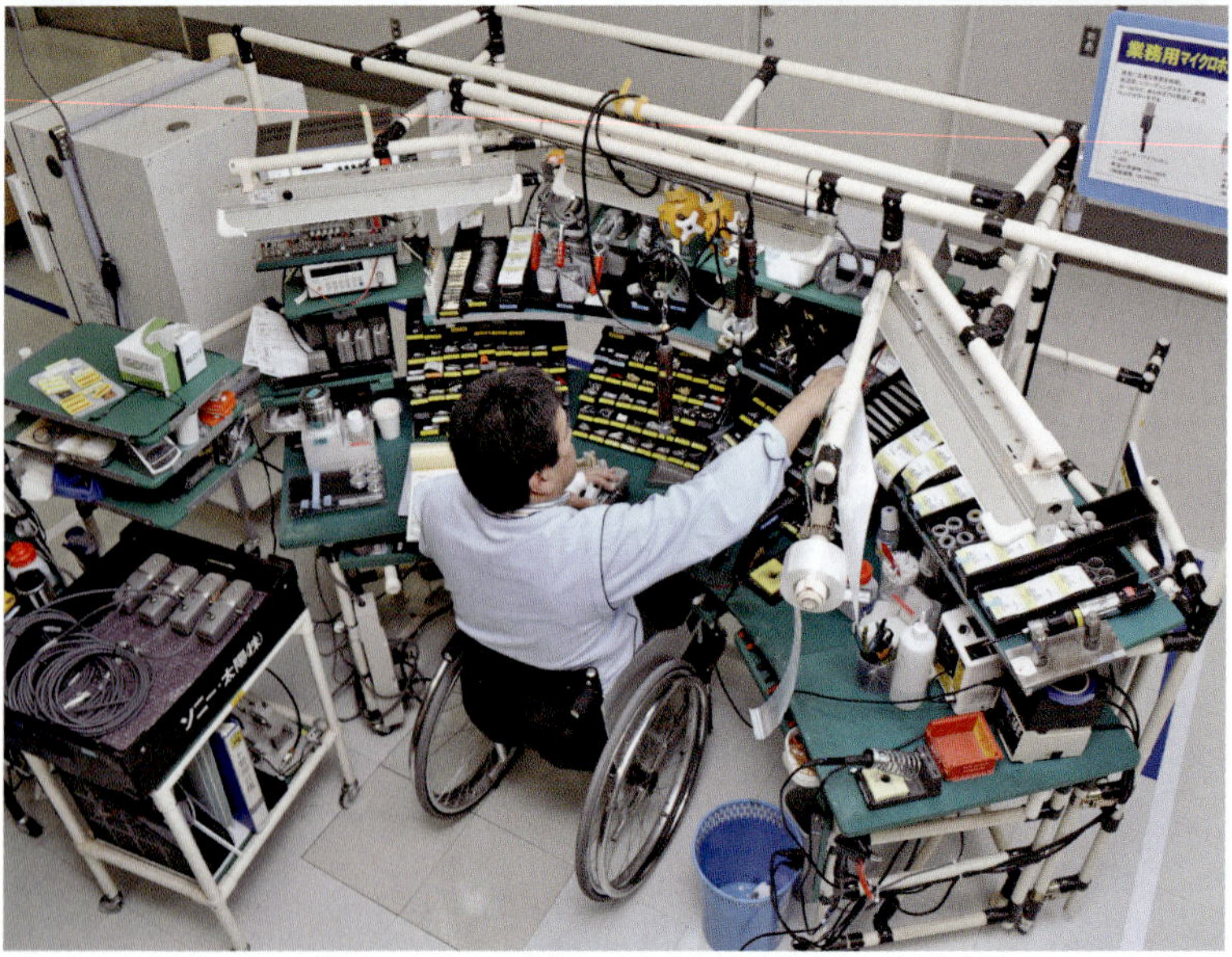

車いすのモノ造りマスターがワンマンセルの作業台で手づくりする世界的名品（大分県　ソニー・太陽）

知的障害者のプロ和太鼓演奏集団、瑞宝太鼓（長崎県　社会福祉法人南高愛隣会）

どんなにいそがしくても、慣れれば、問題なく仕事ができる（東京都 駅弁屋 祭）

上越市役所で働く視覚障害者の清水晃さん。全国障害者技能競技大会（アビリンピック2014）に初出場し、パソコン操作部門で金賞に輝いた（新潟県）

知的障害者、発達障害者がバイオに挑戦、みごとなワサビができました（岐阜県　WSBバイオ）

私たちのしごと

障害者雇用の現場から

私たちのしごと

障害者雇用の現場から

小山博孝

岩波書店

はじめに

村木厚子

独立行政法人高齢・障害・求職者雇用支援機構の発行する『働く広場』は、障害者雇用をテーマとする月刊誌です。地味ですが、障害者雇用にかかわる人たちに信頼され、親しまれています。前身から数えると、40年以上の歴史があるそうです。私も、障害者雇用対策課長時代に、編集委員としてこの雑誌の編集に参加させてもらいました。

『働く広場』の人気の秘密は、「編集委員が行く」「職場ルポ」などのていねいな職場訪問記事にあります。障害者雇用のモデルとなるような特徴ある職場を、写真と文章でじっくり紹介します。障害者本人も実名で登場します。文章を書く方は何人かで手分けをして全国の職場をめぐりますが、カメラマンはいつも小山博孝さんです。小山さんは、30年以上にわたって、障害者の職場を撮りつづけてきました。もしかしたら、日本で一番たくさん障害者が働く現場を見た人かもしれません。

写真はたくさんのことを語ってくれます。障害のある人が、じつに多様な職場、多様な職種で職業人として活躍していること、その人たちが感じている働くことの喜び、働くことへの情熱、職場の仲間としてのつながり、仕事の能力を磨いていくことの厳しさ……。この本で紹介されるさまざまな職場とそこで撮られた写真が、働くということの大切さと、それは障害の有無によって変わるものではないことを教えてくれると思います。

かつて、障害者福祉施設を訪ねたとき、この本で紹介されているのと同じような人たちが、「働くことなどとても無理」と思われて「お世話」を受けているのを見て、社会の大きな矛盾を感じました。そこで、就職を考える年代となったお子さんの親御さんに、「障害があってもふつうに働けますよ」とお話ししました。そのとき、ひとりのお母さんが「その話をこの子が小学校に入る前に聞きたかった」と言われました。だから、私はこの本を、障害のある小さなお子さんを持つ親御さんや、学校の先生にも読んでもらいたいと思います。

障害があるということは、確かに苦手なこと、できないことがあるということです。しかし、それは、できること、得意なことがないということではありません。ときには障害ゆえの特性が「得意なこと」になることもあります。「できること」「得意なこと」を活かせば、障害があっても素晴らしい職業人になることができるのです。この本が、多くの人が障害のある人の職業人としての可能性と実力を知るきっかけになればと思います。

（むらき・あつこ　厚生労働事務次官）

２０１５年４月

目次

はじめに　村木厚子

Ⅰ章　障害者雇用はどう進んできたか　松矢勝宏……1

Ⅱ章　働く現場を見る　写真・文　小山博孝……15

1　広がる精神障害・発達障害者のしごと　15

アクテック／ラグーナ出版／レストラン　アンシェーヌ　藍／クチーナ・デル・オテント／三菱商事太陽／ほのぼのハーツ／サポートセンターれいめい

2　保育・介護・医療にかかわるしごと　33

村山恵さん　さつきヶ丘保育園／矢野翔子さん　ひなぎく保育園／第二いずみ苑／まちかどホームすずらん／リデル・ライト記念老人ホーム／国立がん研究センター東病院／薬剤師　杉原都さん／三井悟さん　和田精密歯研／言語聴覚

士　中瀬 洋昭さん／機能訓練指導員　荒川 祐子さん／川崎 悟さん　池田病院

3　サービスにかかわるしごと　59

六丁目農園(アップルファーム)／ロクファームアタラタ　東北復興プロジェクト／日昇館尚心亭／ホテルフリーゲート白浜／梅宮 敏彦さん　よねくらホテル／塩出 桃子さん　トモニー／森の国 ぽっぽ温泉／丸岡南中学校 C・ネットふくい

4　職人として働く　81

噌西 秀人さん　ソニー・太陽／坂本 真士さん　一色庵／山本 健二さん　豆子郎／吉濱 昌彦さん　杜蔵／手話落語家　豆腐屋一丁さん

5　伝統工芸・芸能のしごと　93

有田焼上絵付師 川尻 信二さん／有田焼絵付師 安 民會さん／津軽三味線 踊正太郎さん／讃岐彫作家 林 巌石さん／木彫工芸家 南 健治さん／筑前琵琶職人 毛利 英二さん／岐阜提灯の絵摺り職人たち／神楽衣装・面制作集団／和太鼓集団 瑞宝太鼓

6　駅・郵便局・空港で働く　117

山元 梨紗さん　ジェイアール東海ツアーズ／駅弁屋 祭　日本レストランエンタプライズ／ゆうせいチャレンジドの仲間たち　日本橋郵便局／日本郵便 東京支社／デルタ航空／フェデックス

7　教育・行政のしごと　131
新井 淑則さん　長瀞中学校教諭／三戸 学さん　秋田西中学校教諭／西脇 正和さん　香住小学校教諭／今村 俊介さん　吉備国際大学講師／清水 晃さん　上越市役所／南 祥太さん　大津町地域包括支援センター

8　野菜や花を育てる　147
ＷＳＢバイオ／鳥取発！農福連携事業／京丸園／ＨＲＤ・iＤＥＡＬ／諫干ドリームファーム

9　一般企業その他で働く　163
藤岡 展弘・義典さん　ＪＦＥアップル西日本倉敷事業所／盲導犬イッシュと穂刈 顕一さん　日立情報システムズ／藤原 麻友美さん　ファッションセンターしまむら／旭化成アビリティ／ベネッセビジネスメイト／羽中田 昌さん　カマタマーレ讃岐監督／スーパーサンワ　紀ノ国就労支援センター／手打ちさぬきうどん竜雲／阪野 翔生さん

Ⅲ章　新しい流れとこれからの課題　対談　松矢勝宏・小山博孝 …… 185

おわりに　小山博孝 …… 211

はじめに

コラム

浅野史郎　32／大山泰弘　58／齊場三十四　79／阪本文雄　116
田島良昭　146／戸苅利和　162／樋口克己　184／松永正昭　209

◎本書のⅡ章は、独立行政法人高齢・障害・求職者雇用支援機構発行の月刊誌『働く広場』のグラビアで取材したものを中心に企画編集した。各項の写真・文は、文章の最後に記した年月当時の写真と記述である。これらの中には、現在、残念ながら、亡くなられた方や、会社倒産のため職を変えざるをえなくなった方もいる。その方々が障害に負けることなく、働いていた姿も、あえて掲載させていただいた。

装幀　鈴田　聡（くとうてん）

Ⅰ章

障害者雇用はどう進んできたか

松矢勝宏

障害者雇用率制度のはじまり

障害者の雇用を促進するためのはじめての法律は、1960年の身体障害者雇用促進法です。法律で定めた雇用率を、身体障害者を対象に、民間企業に課す、いわゆる雇用率制度のはじまりです。

これが1976年に抜本的に改正され、雇用率制度が強化されました。法定雇用率の計算式は、雇用されている身体障害者と求職登録中（失業者）の身体障害者をあわせた総数を、働いている労働者（失業者も含む）の総数で割った割合を％であらわします。この改正で、いわゆる雇用納付金制度（注1）がスタートし、法定雇用率を満たさない企業に納付金を義務づけることになりました。一般にいう身体障害者の雇用義務化、法定雇用率1.5％時代のはじまりです。大企業における身体障害者雇用が本格的にすすみます。小山さんが写真家として活躍する『働く広場』の刊行は、翌年の4月からです。

それから10年後、1987年に身体障害者雇用促進法が抜本的に改正され、「障害者の雇用の促進等に関する法律」（略称：障害者雇用促進法）という現在の法律名に変わります。職業リハビリテーションについて身体障害者のワクをとりはらい、すべての障害者が対象とされたのです。私はこの年に『働く広場』の編集委員になり、小山さんとのおつきあいがはじまりました。

改正障害者雇用促進法が重要であることは、実雇用率の算定について、知的障害者も身体障害者とみなしてカウントすることになったことです。1960年代の高度経済成長時代に、人手不足から中小企業では、中学校特殊学級(注2)担任教師のはたらきかけで、知的障害者の雇用がはじまっていました。その現実にもとづき、受け入れ企業や親の会など関係者の世論がありました。

こうして、雇用されている知的障害者を身体障害者とみなして、法定雇用率の算定の数に入れることになりました。法定雇用率についても1・6％に改正され、知的障害者の雇用が本格的にすすんでいきました。なぜ「みなし」なのかという議論はありましたが、身体障害者のみでは1・6％が達成できない実情が指摘され、大企業において知的障害者を雇用しようという企業が増えていきます。

こうして、10年後の1997年には、ふたたび障害者雇用促進法が改正され、知的障害者の雇用義務化が実施されます。この改正により、法定雇用率の算定の基礎に知的障害者を加えることになりました。法定雇用率は1・8％に改正され、翌1998年7月から実施されました。この10年間は、知的障害者を働く障害者として社会的に認知されていく過程であり、とても重要な意義をもちました。知的障害者の働く姿が、『働く広場』にたくさん紹介されてくることからも、理解できます。

障害者の雇用促進をすすめる制度として、「特例子会社」という制度があります(注3)。はじめは身体障害者の特例子会社からスタートしましたが、1990年代になると、大手企業による知的障害者を主対象とする特例子会社がどんどん設置されてきました。この動きが、知的障害者の雇用義務化、法定雇用率1・8％時代の実現に大きく貢献しました。

障害者雇用促進の国の施策についても具体化がすすみ、2001年にトライアル雇用(試行的な雇用をへて正規雇用につなげる制度)の開始、2002年にジョブコーチ(職場適応援助者)支援制度の実施および障害者就業・生活支援センター(障害者の就業面と地域生活面を身近な地域で相談・支援にあたるセンター）の設置が実施されました。

企業による知的障害者雇用の取り組み

1997年当時の私は、障害者雇用促進審議会の委員の委嘱を受けていましたが、障害者雇用促進法の改正前から特例子会社設置の動向に注目していました。

このころ、知的障害者を雇用する特例子会社による勉強会がスタートしました。日本アイ・ビー・エム（株）から出向していた日経連（当時）の職員で、審議会委員でもあった西嶋美那子さん（現『働く広場』編集委員）の発案であると聞き、彼女にお願いして特別会員にしてもらいました。特例子会社の役員や担当職員は、知的障害者雇用のノウハウもなく苦労をしているので、せめて名前だけでも「障害者の雇用を楽しく考える会（らくしょう会）」と称して、前向きな姿勢で雇用をすすめていきましょう、という趣旨の勉強会でした。

会の活動はなかなか興味深いものでした。まず、順番に企業見学会を開き、あわせて研究協議をおこない、終わったら懇親会をするのです。企業はふつう秘密主義ですが、「すべて見てください」と公開し、そして相互に困難を共有し、共通の課題に立ち向かうというすばらしい試みでした。

養護学校（注2）における職業教育や進路指導のあり方を考えるために、とても役立つ内容が含まれているので、私は、教員の代表をオブザーバーとして勉強会に参加させてほしい、とお願いしました。らくしょう会に参加したベテラン教師たちが、企業における知的障害者雇用の実際から学習した成果は、とても大きかったのです。このような学びの成果と企業理解によって、東京都の進路指導と職業教育の一体的な改革がすすめられ、養護学校の就業促進が実現されていきました。

企業の協力で進路指導と職業教育の一体的改革がすすむ

１９９０年代の中ごろになると、東京都立知的障害養護学校の就職率は全国平均以下で、やがて20％を切ってしまうのではないかという状況でした。１９７９年の養護学校義務化以後、障害の重度化・多様化がいちじるしく、卒業生の福祉作業所や生活実習所をつくることを、保護者や学校関係者は東京都に訴えました。親の会もそうですが、教師も作業所づくりに熱心に取り組んでいました。

しかし、バブル景気崩壊後に東京都の財政が苦しくなり、作業所などの福祉進路先の確保が困難になってきます。このような状況を打開するためには、企業の協力をえて卒業生の就業促進を実現することで、より重度な障害のある卒業生の福祉進路を確保しよう。そのような進路支援の見直しが、１９９８年の東京都知的障害養護学校就業促進研究協議会の設置を通して、すすめられました。企業関係者にも委員の委嘱があり、やがては東京都教育委員会からの企業アドバイザーの委嘱へと発展していきます。

どのような改革があったか、その一例を紹介しましょう。現在の進路指導のしくみが、そのような改革から生まれました。東京都立知的養護学校高等部は現在、29校ほどあります。それらの学校を地域的に6ブロックに分けて、全体的に連携して就業支援をすすめています。

就業促進研究協議会ができるまでは、これらの学校が連携なしにバラバラに進路開拓をしていました。

知的障害者の雇用経験のある大手企業が営業所を新たに開設すると、これらの学校から生徒の実習受け入れの打診が、人事課あるいは総務課に電話でどっと入ってきます。このような進路開拓の競合状態は、企業にとっては迷惑な事態であり、電話対応に時間がとられるので、営業妨害になりかねません。このような競合化がおこることは、交通網が整備されているために、1時間以内で通勤できる範囲が広いという東京都の固有な特徴であるかもしれません。

進路指導教員の企業理解がすすむことにより、研究協議会が立ち上がり、ブロックごとの窓口校の調整機能によって、企業との協力関係が飛躍的にすすみました。現在では、障害者の雇用経験者をブロックごとに企業などからの就労支援アドバイザーとして委嘱し、進路指導教員と協力して実習先開拓、雇用先開拓にあたるシステムが確立しています。

行政の連携とバックアップについても、進捗が見られました。たとえば東京都教育委員会と東京労働局が共催する企業セミナーです。ハローワークを通して東京労働局が雇用の遅れている企業にセミナーへの出席を勧誘します。会場では進路指導教師の代表者がわかりやすく実習の受け入れ方やすすめ方について、ビデオなどを活用して説明し、終了後には相談ブースをもうけて、実習の受け入れを勧誘するのです。100社以上の企業が集まるときもあります。

改革にはそのほかの要因もあります。礼儀作法などのマナーや働く意欲や態度の確立は、従来から企業から要望されてきたことです。これらの社会生活能力を習得するためには、生徒本人が卒業後の自己の生き方や働く生活を具体的にイメージすることが必要なので、進路指導は生徒の主体的な進路学習を支援する方法に改善されました。企業などにおける現場実習のみならず、高等部1年、2年、3年と積み上げていく体験的な学習の内容が吟味され、整えられていきました。1年生には、企業や福祉事業所の見学会や、短期間の就業体験(インターンシップ)の機会を多くするなどの工夫がなされました。

同時に、職業教育の方法とされてきた作業学習についても、再検討がなされました。かつては陶芸、木工、紙工、織物、縫製など、ものづくり系の作業学習が主流でした。卒業生の就職先として製造業が主であった時代から、雇用先(実習先)の仕事内容が食堂・厨房、流通、販売、清掃などサービス、さらには事務、接客などの多様な職域にわたるようになりました。知的障害者雇用が本格的に展開されたためです。

このような変化におうじて、企業から社会人講師を招き、作業学習の改善がすすめられました。清掃班、事務・印刷班、喫茶接遇班などの新しい作業班が生まれ、東京都ではこれらの普通科高等部の改革の成果をふまえ、高等部職業学科である就業技術科を計画的に設置することにより、生徒の就業促進を大きく前進させています。従来の作業学習とくらべて、生徒が主体的に作業能力を発揮できるように、安全性への配慮と作業工程の整備、手順書や補助具などの工夫が、すべての作業種に対応してすすみました。東京都では清掃技能、パソコン技能、喫茶接遇技能を高めるために、わかりやすい手順書からなる検定用テキストを開発し、作業学習で活用しています。

このような改革がすすむにつれて、東京都における知的障害養護学校の就職率が上昇しました。知的障害者の雇用義務化が実現した1998年度から就職率は30％台になり、多少の変動はありながらも就職率は順調に増えていき、2011年度からは40％台に上昇しました。そして、法定雇用率が2％に改正された2013年度には、43.5％を達成しました。この年度については全国第1位になりましたが、法定雇用率2％の効果はとても大きかったといえます。全国の知的障害特別支援学校の就職率の平均値についても影響が見られ、２０１２年度の30・2%から２０１３年度の30・9%へと上昇しています。

このような変化は、東京都のみならず全国的にいえることで、『働く広場』の取材を通して指摘しているところです。就職した卒業生には、後輩のために快く取材に協力していただいています。写真撮影を含めて実名で取材におうじてくださるので、日本のノーマライゼーションは障害者雇用においても例外なくすすんでいるといえます。この点では、私より取材歴の長い小山さんが、より強く実感されているのではないでしょうか。

精神障害者の雇用義務化に向けて

知的障害者の雇用促進が順調に展開していく過程で、精神障害者の雇用義務化の課題が目標になりました。知的障害者について実施されたように、精神障害者についても雇用がすすむにつれ、身体障害者または知的障害者とみなしてカウントする措置が、２００６年4月から開始されました。こうして、知的な障害のない発達障害者を含む精神障害者の雇用が順調にすすむなかで、２０１３年4月から法定雇用率が2%に改正されたのです。そして、同年6月に障害者雇用促進法が改正され、２０１８年4月から精神障害者の雇用義務化を実施することになりました。

雇用の義務化とは、法定雇用率算定の基礎に精神障害者数を正式に加えることを意味します。実雇用率におけるみなしカウントの場合には、雇用されている精神障害者を身体障害者または知的障害者とみなして算入しているのですが、週の勤務時間30時間以上を1人、20時間以上30時間未満(短時間労働)を０・5

人とカウントしています。現在、身体障害者と知的障害者については、法律上の重度者のダブルカウント(重度者について30時間以上は2人、短時間労働は1人と算定)の措置をとっていますが、精神障害者には適用していません。

この措置に変更がなければ、ダブルカウントは身体障害者と知的障害者のみに適応され、法定雇用率の算定式は、雇用されている身体障害者の数、雇用されている知的障害者の数、雇用されている精神障害者の数および身体障害者と知的障害者と精神障害者の正規の求職者(求職登録している失業者)の総数を、すべての常用労働者数と求職登録している失業者数の和で割り、パーセントで算出します。現在のところ、雇用されている障害者数は順調に増加していること、また企業就労にチャレンジしている精神障害者を含む求職登録者(失業者)数も伸びていること、そして少子化の影響で常用労働者数の減少が予想されることの理由から、算定式の結果は2%をこえて大きな割合になるはずです。

こうして、2018年4月からの法定雇用率をこの算定式で計算した結果は、2%以上に大きな数字a%になります。そうなると、企業の負担は大変です。現在の2%であっても、現状では企業が求める雇用可能な障害者がいない(足りない)、あるいは法定雇用率達成のハードルが高くなっているという人事担当者の声を聞きます。

そこで、2018年4月からの法定雇用率については、法定雇用率の算定式の結果のa%と現在の2%とを比較し、企業の負担があまり大きくならないように調整したb%を審議会で定め、法定雇用率として政令化することにしています。暫定的な法定雇用率の決め方といえます。

法定雇用率は5年ごとに見直していますが、ある程度のまとまった比率になったところで改正します。

ですから1・8％から2％への改正は、じっさいのところ15年ぶりでした。しかし、精神障害者の法定雇用率については、義務化実施後5年の見直し、すなわち２０２３年4月からは、法定雇用率の算定式の結果c％をそのまま適用することとしています。

ですから、法定雇用率は現行の２％が２０１８年4月よりb％に暫定的に改正され、２０２３年4月より正規のc％へと漸増することになります。$2 < b < a \leqq c$ということができます。

成熟期を迎えた日本の雇用率制度

障害者の権利に関する条約（略称、障害者権利条約）が２０１４年に批准され、2月19日に発効しました。それにともなって、障害者基本法もしっかりとした改正がおこなわれ、障害者が包括的な定義になりました。条文では、

「身体障害、知的障害、精神障害（発達障害を含む）、その他の心身の機能の障害（以下「障害」と総称する）がある者であって、障害および社会的障壁により継続的に日常生活または社会生活に相当な制限を受ける状態にあるものをいう」

となっています。

心身の機能障害のみならず、社会的障壁つまり社会の環境条件が整っていないことが障害者の社会生活上に制限をおよぼす、というように、包括的な定義になりました。障害者雇用促進法の改正により、精神障害者の雇用義務化に向かうことは、権利保障上の大きな遅れを解消することなのです。

法定雇用率によって障害者の雇用を促進する制度は、ヨーロッパ諸国で採用されている制度です。この制度は、第1次大戦後にまずドイツで制度化され、フランスがつづきました。戦争による傷病者にも雇用と職業参加の機会を均等に保障し、産業復興を実現しようとする進歩的な法律です。第2次大戦後にさらに法的に整備され、現行の制度になりました。1960年の身体障害者雇用促進法の制定にあたっては、ドイツを参考にしたといわれています。

ヨーロッパ諸国における障害者の定義や範囲は日本よりもっと包括的ですから、単純な比較はできません。現行のヨーロッパ諸国の法定雇用率の例をあげると、ドイツ5%、フランス6%、イタリア7%、オーストリア3%などです。いろいろな要因があり、ドイツは6%から5%に、イタリアは6%から7%に改正しています。第2次大戦後に戦争をしなかったドイツ、障害者の範囲をさらに包括的に広くしたイタリアという指摘ができます。日本とのもっとも大きなちがいは、戦争による傷病者のなかに精神障害者が占める率は高く、ヨーロッパ諸国の場合に当初から精神障害者が含まれているということがあります。

日本においては、身体障害者からはじまり障害別に拡充してきたので、雇用率制度はようやく成熟期を迎えているといっていいでしょう。障害者がますます企業就労にチャレンジすればするほど、そして少子化によって労働人口の減少がさらにすすむとすれば、法定雇用率は3%へと漸増することが予想されます。

障害者の働く力への評価が高まる

少子化による労働力人口の減少は、高齢社会における福祉や介護の負担を支える納税者の減少ですから、大きな社会問題とされてきました。女性の職業領域への共同参画(そのためには子育て支援策の拡充が必要)や60歳以上の高齢者の継続雇用がますます必要になってきていますが、障害者の雇用促進についても同じことがいえます。

働く障害者が企業に大きな貢献をしている事例が増えています。障害者が働きやすい職場が、健常者にとってもバリアフリーで働きやすい環境であることが、実証されるようになりました。障害者にとって働きやすい工程と治具・補助具の整備、あるいは手順書などの工夫などが、職場全体の安全性と生産性を高めているのです。知的障害者が習得した礼儀作法を順守し、全力をあげて仕事に打ちこむ姿勢が、職場を明るくしているという評価を、『働く広場』の取材でよく耳にします。

さらに、障害者の雇用によって、障害者のすぐれた特性を職場の配置に活かす工夫が見られます。たとえば、視覚的にすぐれた認知能力をもつ人を、製品に傷がないかを点検する最終工程に配置して、実績を上げている例があります。さらに、製造業のラインのみならず、いろいろな職域で障害者が雇用されるようになってきている現況から、日本の障害者雇用の水準の高さを説明することもできます。

しかし、課題は多く残っています。2014年6月の障害者雇用の現況調査によれば、法定雇用率を達成している企業は44・7%にすぎません。規模の大きな企業が高い達成率であることは、とても喜ばしいことです。これからは中小企業のすぐれた雇用事例からノウハウを普及していくことが課題です。

ある企業の人事担当者から相談を受けました。会社のトップから法定雇用率は最終的に何%まで上がるのか、企業の社会貢献からいえば、将来を予測し、高く実雇用率の目標を設定しておくべきではないか、といわれたというのです。法定雇用率は、その国の常用労働者と求職登録をしている失業者の合計に占める雇用されている障害者と求職登録をしている失業障害者の合計の比率を%であらわしています。少子化時代に働く障害者の力が評価され、ますます企業就職に障害者がチャレンジすればするほど、法定雇用率は上昇するわけです。そこで当分のあいだ、4%程度を目標にしたらどうでしょうと提案したのですが、その企業は現在すでに4%の実雇用率を達成しています。

このような企業が増えることを期待したいものです。

（まつや・かつひろ　東京学芸大学名誉教授）

注1　障害者雇用納付金制度について

障害者を雇用するには、作業施設や設備の改善、職場環境の整備、特別の雇用管理などが必要とされることが多く、経済的負担がともなうことから、雇用義務を履行している事業主と履行していない事業主とでは、その経済的負担にアンバランスが生じることになります。障害者雇用納付金制度は、身体障害者、知的障害者、精神障害者を雇用することは事業主が共同して果たしていくべき責任であるという社会連帯の理念に立って、事業主の障害者雇用にともなう経済的負担の調整をはかるとともに、障害者を雇用する事業主に対して助成、援助をおこなうことにより障害者の促進と安定をはかるため、「障害者の効用の促進等に関する法律」（障害者雇用促進法）にもとづいて設けられた制度です。

納付金制度は当初、常時雇用している労働者の数が301人以上の規模である企業の事業主が対象とされましたが、法律の改正により2010年7月より常時雇用する労働者の数が200人を超える事業主に（減額特例により2015年6月までは納付金額は4万円）、また2015年4月より常時雇用する労働者数100人を超える事業主にも対象が広げられています。ここで「超える」という表現を使う理由は、20時間の範囲にある短時間労働者が0・5人とカウントされるからです。0・5人の表現のしかたが関係しているのです。

注2　学校などの表記について

学校教育法が改正され、2007年度から特殊教育が特別支援教育になりました。これにより、盲学校は視覚障害特別支援学校、聾学校は聴覚特別支援学校、養護学校は障害別に知的障害特別支援学校などに、また特殊学級は特別支援学級と表記されるようになりました。特別支援学校については当分のあいだ旧来の学校名を使ってよいことになっていますが、全国的には現在、学校の設置者の多くが特別支援学校、あるいは支援学校を使うようになりました。この章では、旧来の養護学校などの名称を使っています。

注3　特例子会社とは

障害者の雇用の促進と安定をはかるため、事業主が障害者の雇用に特別に配慮した子会社を設立し、一定の要件をみたす場合には、特例としてその子会社に雇用されている労働者を親会社に雇用されているとみなして、実雇用率に算定できることとしています。また、特例子会社をもつ親会社は、関係する子会社を含め、企業グループによる実雇用率算定も可能としています。

II章

働く現場を見る

アクテック
（大阪府枚方市）

精神障害者が活躍する「製造一課一係」収益率は社内 No.1

精神障害者4人が重要な戦力として活躍している会社が、大阪・枚方市にある。カメラやさまざまな精密機器の保管用アルミケースなどを製造・販売するアクテック(株)だ。

朝8時25分、工場の各部門での朝礼がはじまった。精神障害者の3人が所属する「製造一課一係」でも、田隈康之リーダーを中心に、係員のその日の作業目標を確認・打合せをおこない、1日の仕事がはじまる。

アクテックは1991年から精神障害者を受け入れ、パート社員といっしょに工場での単純作業に従事させた。しかし、仕事でのミスも多く、効率も悪かった。定着することも難しかった。

「障害者が担当した仕事のミスで、会社の信用問題になったこともありました。しかし、よく考えてみると、障害者ばかりでなく、誰でも起こしうるミスだと気づき、工場全体の作業方法を改善することにしました」と話す芦田庄司社長。そして1994年、アクテックは改善に取り組んだ。

改善の内容は、①作業の標準化―作業標準書を作成、作業工程や作業内容が誰にでも具体的にわかるようにする、②作業目標の明確化―社内を組織別、工程別、商品別にグループ分けして、小集団部門別採算制度を導入(総生産高、時間あたり収益高、各個人の作業高、収益高がわかる)などだ。こうした改善で、社員みんなが自分の目標や役割、責任を明確にでき、ミスが減少して生産性も向上したのだ。

製造一課一係も、この改善に積極的に取り組んだ。「はじめは部門別で最下位でしたが、障害のある人たちの目標もモチベーションも上がりました。近年は、製造一課一係の収益率は社内トップ独走中です」と、芦田社長は誇らしげに語った。(2012年3月)

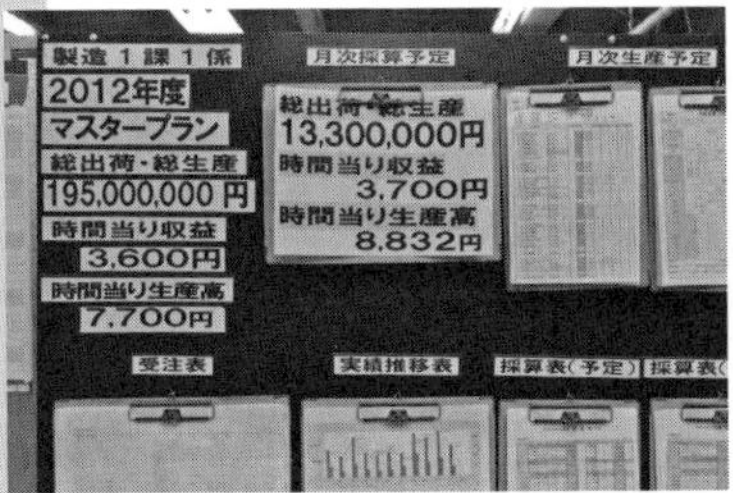

進捗ボード。各自の作業日報を集計して、全社、全課、個人別に数値化している

精神障害者の雇用を今後も推進したいと話す芦田庄司代表取締役社長

1日の予定、目標を確認する。奥野哲治さんや浜口慎さんたちも、仕事内容と生産目標をメモして作業に向かう

16年目のベテラン奥野さん(左)。作業ミスをなくすために社員の小濱哲史さんと確認しあって仕事を進める

入社13年の浜口さん。「自分のペースでやれて、自分のやった仕事が一目でわかる。モチベーションも上がります」

30分ごとに自分の作業内容を記入する作業日報。「もう慣れていますから、どうということはないです」という奥野さんと浜口さん

1日の作業が終わって作業日報記入後、サブリーダーの中井勝頼さん（右）に報告する奥野さん。1日の作業目標が達成できたかどうか、また明日の目標などを話しあう

小濱さんと、作業日報を見ながら1日の仕事の検討をする浜口さん

作業メモは各自で

ラグーナ出版
（鹿児島市）

精神障害者とともに成長する会社に

スタート時から積極的に協力しつづける精神科医の森越まやさん

福祉大学を卒業した四元拓也さん(28歳)。福祉の資格を生かしたいと考えていたが、社会恐怖症で精神科に通院。現在、編集部で原稿の入力、デザイン、レイアウトなどを担当している

各自の体調にあわせて、通勤、勤務時間を決める。竜人さんは現在、午後1時に出社して5時まで働く

「ラグーナ出版」――この会社の出発は、鹿児島のある精神病院の喫煙所から始まった。入院患者(雑誌『シナプスの笑い』編集長、竜人《りゅうと》さん)と精神保健福祉士(ラグーナ出版、川畑善博社長)の出会いだった。2005年2月のことだ。川畑さんは、『シナプスの笑い』の創刊号にこう書いている。

「竜人氏に得体の知れない影を感じた私は、彼をSST(社会生活技能訓練)に誘った。彼は、医療の発想ではついていけない数々の発想を披露してくれ、会を笑いに包んでくれた。幻聴? 大丈夫。僕がつくった幻聴がとれるヘルメットをかぶせてあげるから、と。

退院前、何気なく、何をしたい、と問うと、自分の中で起こっていることを世間に伝えたい、どうしてこんなことが起こるのか研究したい、(中略)私はその言葉に何かひっかかるものを感じた」(『シナプスの笑い』創刊号、川畑さんのあいさつ文より)

川畑さんは、竜人さんの言葉や思いを掲載した雑誌をつくりたいと思った。たった2人での編集会議が始まったのだ。さらに精神科医、精神障害の当事者たちがつぎつぎに参加しての本づくりが本格的に進んだ。雑誌名も『シナプスの笑い』(年3回発行予定)に決まり、2006年3月、念願の創刊号が発行された。反響も大きかった。発行されるたびに投稿の輪が広がり、購読者や協力者も増えていった。

「携わってくれた人たちに給料を出したい」と2008年2月、会社を設立。2009年5月には障害者就労継続支援A型事業所の認定を受けた。川畑社長、森越まや医師と常勤スタッフ5名が25名の精神障害者を支え、自社出版物、広報誌、手製本、カタログ、DM、ホームページなどの制作に励んでいる。

(2010年4月)

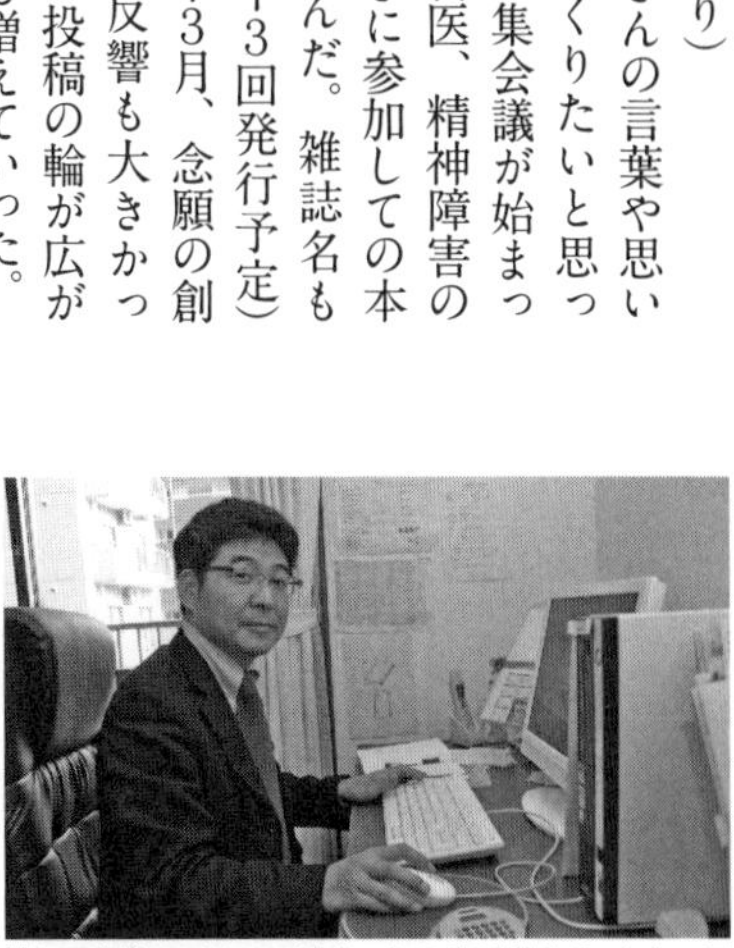
「今の時代はストレスが多く、心の病が増えています。正しい情報を伝え、重篤な障害にいたるのを未然に防ぎたい。社員たちの体験を生かして、時代に即した出版活動をおこなっていきたい」と語る川畑善博社長

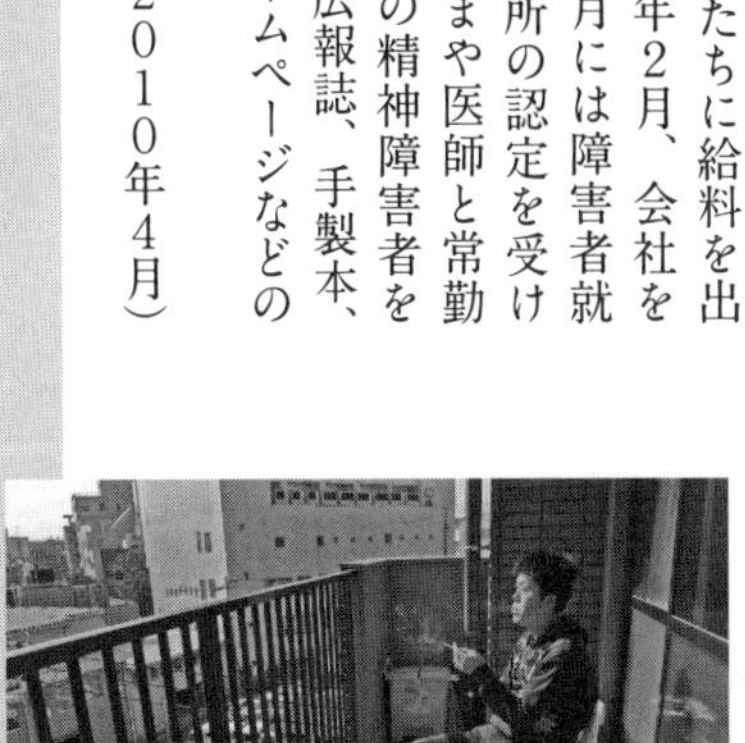
仕事が一段落して休憩する。がんばりすぎて調子をくずし、休むことになるのは、当人にとっても会社にとってもマイナスになる。ブレーキをかけることも必要だという

レストラン アンシェーヌ 藍
（東京都世田谷区）

障害者の働くフレンチレストランで、ハープの演奏を聞きながらランチはいかが

東京世田谷・三軒茶屋の小さなフレンチレストラン「レストラン アンシェーヌ 藍」。木曜日のランチタイムには、ハープの生演奏が楽しめるレストランだ。

ここは、社会福祉法人 藍が1996年に、カフェとしてオープンし運営してきた。そして、「高級感のあるすてきな場所で、誰もが誇りをもって働いてほしい」と

いう竹ノ内睦子理事長の思いから、東京會舘(東京・丸の内)でシェフをしていた尾原寛さんを調理長に迎えて、2009年にレストランとして再出発した。

現在、就労継続支援B型事業所となり、19人の障害者(精神障害者15人、知的障害者4人)が厨房、接客などのスタッフとして、交代で働いている。

尾原調理長は、知的障害や精神障害のあるスタッフに、「飲み物はお客様の右から、食事は左からお出しする」など、フレンチのテーブルマナーについて、毎日同じことをくりかえし教えている。「最近はすっかり慣れ、進歩したようです。障害者が対応していることに気がつかないお客様も多い」と言う。(2012年11月)

尾原調理長の補佐役として活躍する岩谷啓史さん(35歳)

料理人としては新人の福原美穂さん。「大変だけど、がんばります」と話す

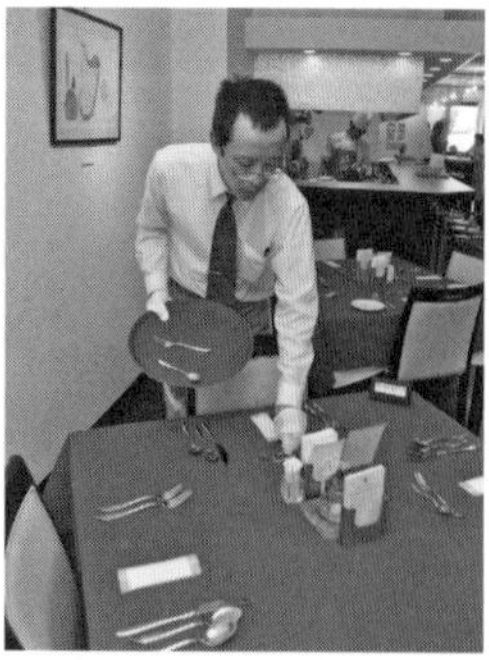

開店前、各テーブルのセッティングをする稲見拓也さん(34歳)

クチーナ・デル・オテント

（新潟市）

イタリアンレストランで働く

前菜を盛りつける竹和俊介さん（28歳）

食材の下ごしらえに、皿洗い。厨房での仕事は忙しい

ピザづくりに挑戦する竹和さん。つぎの目標は調理師免許だ

ＣＵＣＩＮＡはイタリア語でキッチン・台所という意味。ＯＴＥＮＴＯは日本語のお天道様のこと。大地を照らす太陽のように、食材を照らし、人を照らし、街を照らすレストランになりたいとの思いが込められている。

　イタリアンレストラン「クチーナ・デル・オテント」は、２０１０年4月、新潟市のＪＲ新津駅前にオープンした。オープン当時から、精神障害者が厨房で料理職人として、２人の知的障害者がウエイトレスとして働いている。

　レストランの入る建物は新潟県が所有しており、出店にあたっては障害者の雇用が必須の条件だったという。これを機会に、オーナーの山田秀行さんは、福祉施設や関係機関などを見学するなど本格的に障害者雇用に取り組んだ。

「はじめはバックヤードでの仕事を考えていました。しかし、うれしいことに、開店すると、たくさんのお客様に来ていただき、とても忙しくて、接客をしてもらうことにしました。最初のころは声が出なかったり、メニューにある商品の説明ができませんでした。でも、ジョブコーチのフォローや、料理長はじめスタッフの理解と協力で、成長してくれました。労働意欲があれば、自信につながって、障害のない人と変わりなく対応できます。地域の一員として活躍できると確信しました。障害者雇用も店の個性です」と山田さんは話す。

「おひさま食堂」のさらなる発展を祈りながら、取材を終えた。

（２０１１年３月）

焼き上がったピザを更科英樹シェフに見てもらい、評価を受ける

三菱商事太陽
（大分県別府市）

精神障害者の雇用も積極的に

フルタイムで、データ入力業務をする齊藤智さん（29歳）

身体障害者の就労が難しかった時代に、先駆的な試みが、大分・別府市で始まった。日本を代表する企業のオムロン、ソニー、ホンダ、三菱商事などが、社会福祉法人「太陽の家」とともに、重度身体障害者の働く会社を、つぎつぎに設立した。その中の一つ「三菱商事太陽(株)」では、IT事業での、多様な障害者の雇用をすすめてきた。2007年からは、精神障害者の雇用も、社内での受け入れのための勉強会をするなどして、積極的に推進している。山下達夫部長は「入社時に、全社員の前で自己紹介を兼ねて、自分の症状や現在の体調を話してもらっています。自分の障害を、当人がどう受容、理解しているか大事で、体調が悪くなったとき、自分で解決できるかなど、全社員にわかってもらったうえで、仕事をすることが大切で、安易に休ませない環境づくりに努めている。企業人である以上、甘やかしてはいけない」と話す。

(2012年3月)

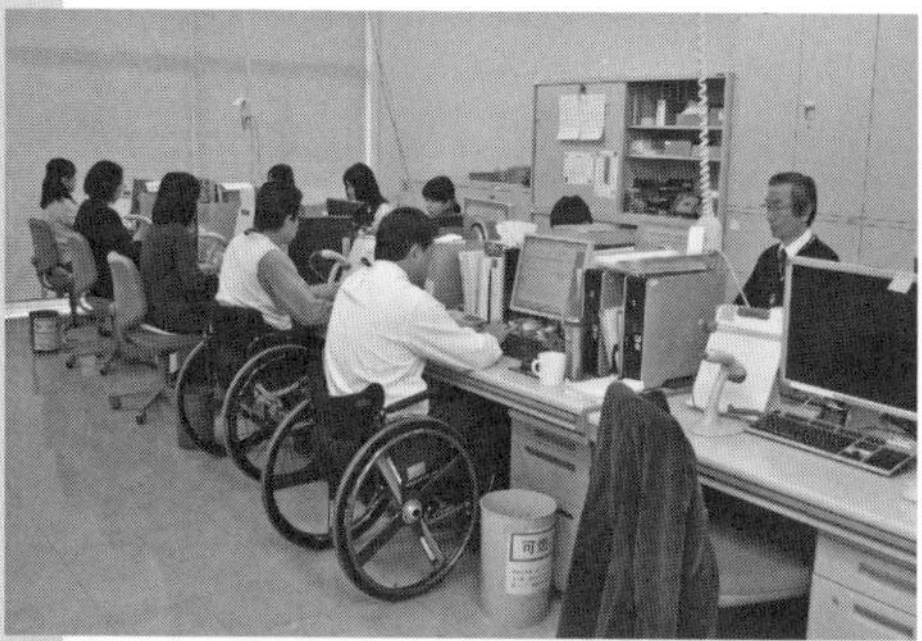

別府市の本社で働くみなさん

総務・管理部で経理事務を担当する高口雄平さん(33歳)。三菱商事太陽ではじめて精神障害者として、2007年に入社して働きつづけている

会社で、サポートにあたるワークサポート室の渡邉雅子さん(右)と精神保健福祉士の奥武あかねさん(太陽の家)

「企業人だから甘やかさない」を信条に、障害者雇用を推進する山下達夫取締役総務・管理部長

ほのぼのハーツ

（福井市）

みんな、がんばっています
――働く障害者の6割は精神障害者

配送商品の準備や点検、配送先別にコース出し、後始末、清掃、……とあわただしい。障害のある職員も、重要な戦力として期待されている

福井県民生活協同組合（組合員約14万人）は障害者雇用を積極的にすすめ、法定雇用率をクリアしてきた。「組合員の満足と、地域社会のために」を基本理念とする生活協同組合としては、さらに障害者の就労支援活動を推進して地域貢献することが必要だと考えた。

2012年4月、一般社団法人ほのぼのハーツ（就労継続支援A型事業所、定員40人）を設立、同年7月から事業を開始した。現在、ほのぼのハーツのフレンド職員（障害者）54人は、嶺北《れいほく》センターなど各無店舗配送センターの物流部門（35人）、生鮮加工センターの加工・清掃部門（11人）、ベーカリー部門（8人）で働いている。

管理責任者の吉川幸一部長は、「うちで働く障害者の約6割が精神障害者、3割が知的障害者、1割が身体障害者です。就業時間は6時間以上で、最低賃金を確保しており、雇用保険、労災保険、健康保険への加入が基本です。開所して1年半ですが、ほのぼのハーツから、生協職員として一般就労する人も出ています。生協と協力して、さらなる一般就労ができるようにと考えています」と言う。

また、福井県民生活協同組合の檜原弘樹常務理事（ほのぼのハーツ理事）は、「生協本部から見ていても、ほのぼのハーツの職員の働きはすばらしい。なくてはならない存在です。組合員のみなさんからの評価、評判もいいようです。生協だからできる、地域で自立していけるような障害者への就労支援、就労の場づくりに取り組んでいきたいと思います」と、職場での障害者の活躍、地域における生協のあり方を語った。

（2014年1月）

商品をまちがえないように、また安全に、みんなで協力して商品を積みこむ

サポートセンターれいめい
（兵庫県姫路市）

精神障害者がホームヘルパー

「れいめい」で活躍するヘルパーのみなさん

高橋さんと同じ病院に通院する赤藤英樹さん（統合失調症・35歳）。以前、さまざまな仕事に就いたがつづかなかった。同じ病院の仲間がやっているなら「できるかな?」と社適訓練を受け、この仕事に入って、4年になる

野村浩之代表取締役（左）

ヘルパーのみなさんの食事会

ほとんどのホームヘルパーが精神障害のある人たちというユニークな居宅介護支援事業所が、兵庫県姫路市香寺町にある。有限会社サポートセンター「れいめい」だ。2004年に設立された「れいめい」は、現在、近隣の高齢者や身体障害のある方々を中心に、20カ所ほどの利用者をかかえている。職員15名のうち10名が、統合失調症やうつ病といった精神の障害のあるヘルパーたちで、利用する人たちから、指名があるほど好評だ。

「れいめい」も設立当初から精神障害者のヘルパーがいたわけではなく、野村浩之代表取締役が、県のジョブコーチとして、障害者の就労支援にあたっていた経験から、高齢者と精神障害者たちとは、そのゆるやかなテンポがマッチして、相性がいいと考え、雇用に踏み出した。働きたいが、ただちに就労は難しい精神障害者が、協力事業者などで、働く習慣、マナー、技術を学ぶ制度＝精神障害者社会適応訓練事業を利用して、野村さんは、精神障害者のみなさんに、ヘルパー2級の資格を取得してもらい、ヘルパーとして採用している。

（2012年12月）

地域の高齢者向けのパソコン教室のお手伝い

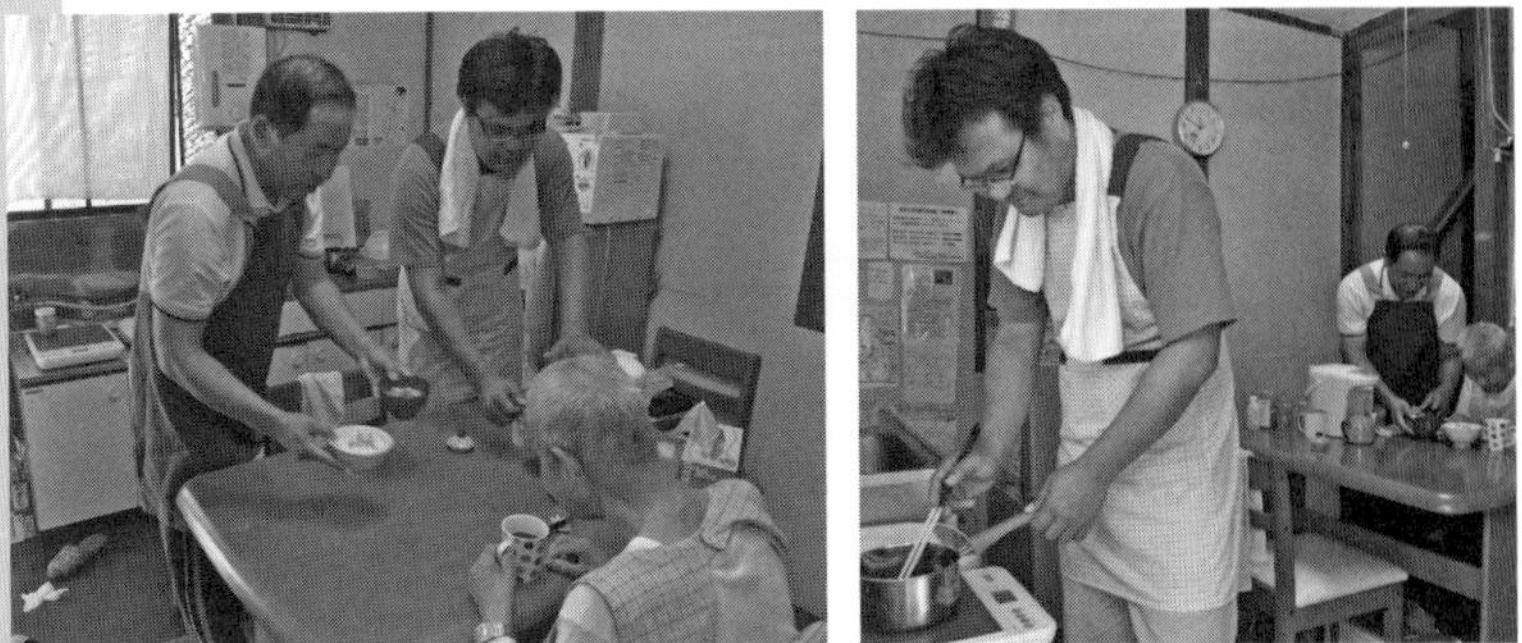

全盲の駒田さん宅を訪問して、ヘルパーとしての仕事をする高橋琢さんと赤藤さん

コラム Column

障害者雇用の発展

浅野 史郎

障害者雇用は着実に進んでいる。これは、障害者雇用促進法により企業に課される雇用率の制度のおかげである。そのことは認めつつも、雇用率をクリアするためだけに障害者を雇うというのではなく、企業としては障害者を雇うことの意義を理解して、障害者雇用を進めてほしい。そうでないと、障害者雇用は長つづきしないし、働く障害者の喜びもいまひとつとなりがちである。それでは、障害者雇用の意義とはなんだろうか。

障害者に稼得収入をもたらすだけでなく、働く喜び、生きがいを感じさせるのだから、障害者にとっては大きな意義がある。それだけではない。職場に障害者が加わることによって、これまでの仕事の進め方が改善されたという例は、いくつもある。障害者にとって働きやすい職場環境を用意することによって、ほかの誰にとっても働きやすい職場に変わっていく。企業の生産性が上がることが期待される。

障害者を多く雇用していることによって、その企業の企業イメージがよくなる。内部の従業員にとっては、そのことに誇りを感じることにつながる。会社への帰属意識が強くなる。これはCSR(企業の社会的責任)活動が社員にもたらす事例と通じるところである。

雇用率を達成した企業にも、さらなる改善の余地がある。職場の仲間との交流として、昼食をいっしょにする場をつくりだすこと、「放課後」のつきあい、レクリエーション活動へのお誘いなどが考えられる。職場での孤独感が就労継続を妨げる例があるので、こういうことは企業として配慮しなければならない。

知的障害、発達障害の人たちが就労継続できなくなる要因に、退社後や休日の過ごし方がわからないということがある。そこで挫折してしまう。これへの対応は、企業だけではできない。広く地域の人たちの協力を求める必要がある。

最後に、雇用に限らず、障害者の仕事の幅を広げる可能性を論じたい。注目しているのは、芸術分野である。小山さんの写真にも登場する長崎県雲仙市の知的障害者による瑞宝太鼓のメンバーは、年間100回以上の公演活動で相当額の収入を得ているプロである。「アール・ブリュット(生の芸術)」の展開の中で見出された知的障害・精神障害の芸術家たちは、販売を目的としない作品が売れ出して、それなりの収入を得ている。上手に育てていくことが期待される。

障害者雇用を障害者側から見れば、就労である。芸術活動で稼ぐ道が開ければ、職業になる。しかも生きがいにつながる。企業側から見るのとは違った視点が求められる。

(あさの・しろう　神奈川大学特別招聘教授、元宮城県知事)

Ⅱ章 働く現場を見る

村山 恵さん さつきヶ丘保育園

（熊本市）

「めぐみせんせい、あのね」

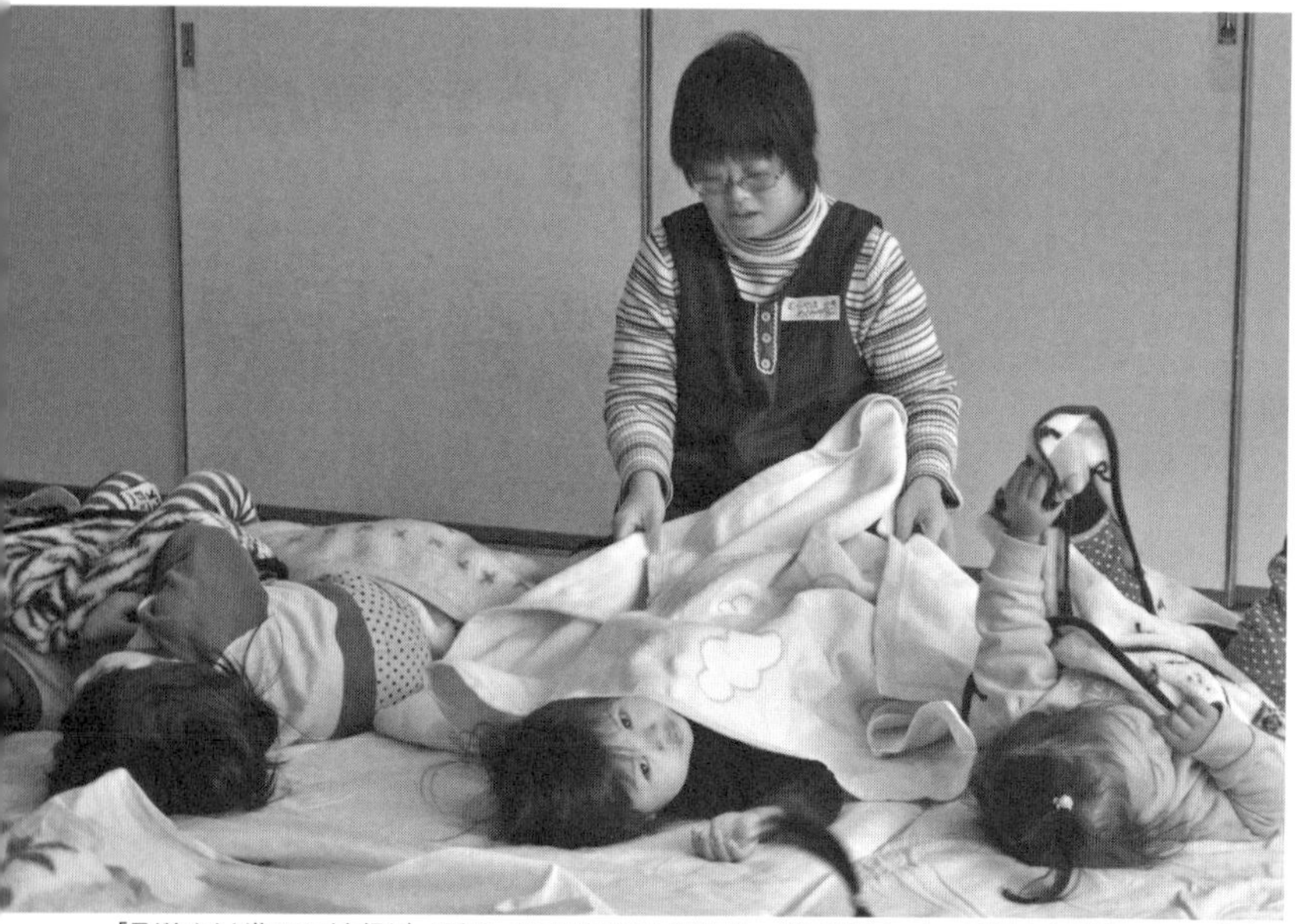

「子どもたちと遊ぶのが大好き」と話す、もも組担当のめぐみ先生。「私が行かないと、子どもたちが困る。ほかの先生たちが困る」と、休むことなく出勤するという（母親の陽子さん談）

さつきヶ丘保育園

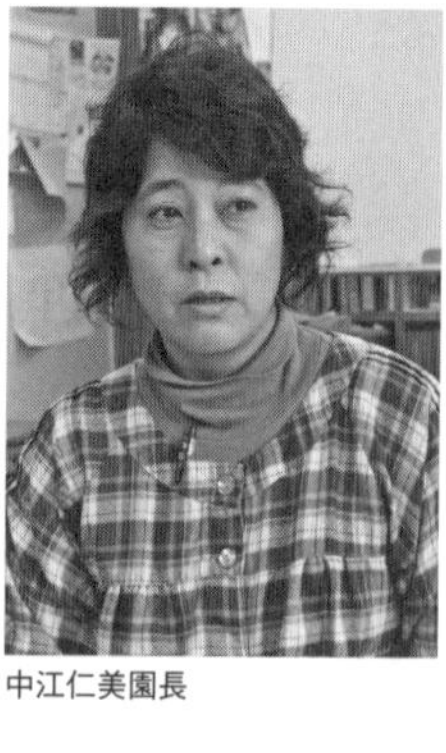

中江仁美園長

「めぐみせんせい、あのね」と園児が話しかけている。ここは熊本市の「さつきヶ丘保育園」もも組の教室だ。めぐみ先生と呼ばれているのは、村山恵さんのこと。村山さんはダウン症で知的障害がある。子ども好きな村山さんは、熊本大学教育学部附属特別支援学校高等部のときに保育園で実習をし、2000年春、さつきヶ丘保育園の保育士・補助員として就職した。12年目になるベテラン職員だ。

当時、熊本大学教育学部附属特別支援学校では、知的障害者の就職先の職域拡大をめざしていた。沖縄での保育所への就労例を知り、熊本でも実現したいと、実習先などを探しまわった。さつきヶ丘保育園など3園が受入れを承諾し、3人が就職した。その後、受入れ先も5カ所に増え、7人が活躍している。

さつきヶ丘保育園の中江仁美園長は、「はじめは不安でいっぱいでしたが、わからないことがあれば自然に職員に相談してくれました。自分たちが何かと気ぜわしく対応してしまったときなど、めぐみ先生の配慮に学ぶこともあります。園児の保護者には、『園のお知らせ』などに掲載して理解をいただいてきました。問題はありません。いまは経験豊かなベテラン先生です」と話す。

めぐみ先生は現在、朝9時から夕方4時まで働く。給食やおやつの準備、教室の掃除、タオル洗い、昼寝の準備と寝かしつけ、連絡帳へのシール貼りなど、幅広く仕事をこなしている。

（2013年2月）

毎年年末、卒業生の就職先を訪ねる、熊本大学教育学部附属特別支援学校の谷口和弘高等部主事（左）。村山さんを当初からサポートしている今村三奈子特別支援統括保育士（右）と村山さんに、近況を聞く

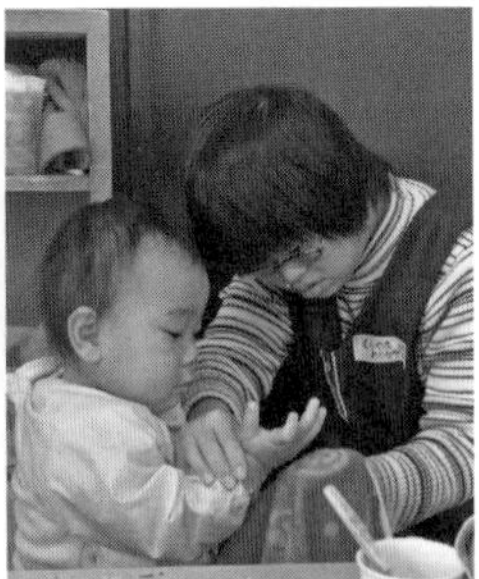
おててをきれいに

「おハナが出てる。きれいにしようね」

保育士の先生と打合せ

連絡帳へ登園シールを貼る

「よそ見しないで食べようね！」

矢野 翔子さん　ひなぎく保育園

（滋賀県守山市）

子ども、大好き

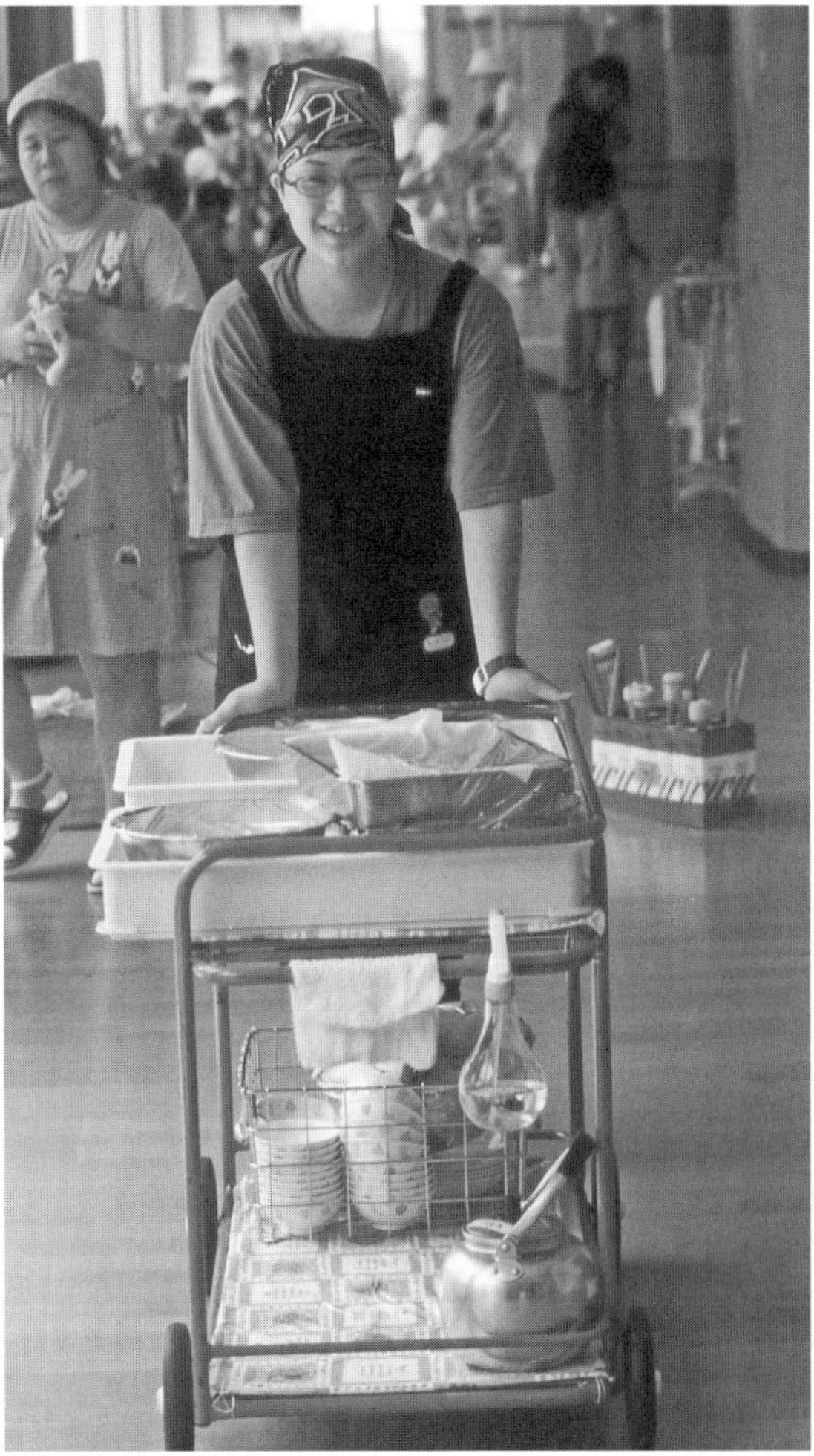

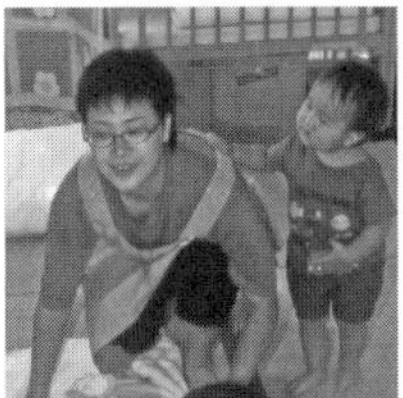

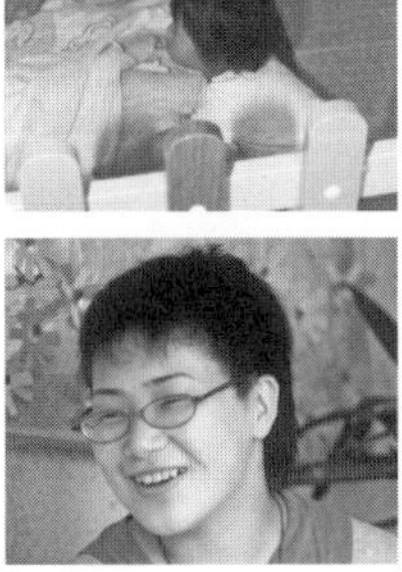

「小学生のころ、ふれあいキャンプで子どもたちのめんどうを見たんです。そのころから子どものための仕事に就きたいと思っていました。夢がかなったので、いまはとにかく、一生懸命がんばるだけです」

「矢野さん、昼食の後かたづけが終わったら、お昼寝の用意をお願いします」「ハイ、わかりました」と笑顔でこたえる矢野翔子さん(21歳)は、今年の4月から保育(士)業務補助職員として採用され、保育士の先生の指示にしたがって仕事をすすめている。

矢野さんの仕事は、園児たちのテーブルやイスを並べ、おやつや昼食を給食室から受け取って準備し、食後は後かたづけをする。そのほか、部屋の清掃、遊具などの準備とかたづけ、お昼寝の用意、……と忙しい。

矢野さんの仕事ぶりを見ながら、堀江ひとみ園長は「雇用支援センターの職員の方がいらっしゃって、知的障害者の仕事の場として、まず実習を、というお話がありました。この人、どんな仕事ができるの……、とはじめは心配しましたが、ジョブコーチがいっしょだったので、その不安がなくなりました。やれる仕事とスケジュールを決め、採用に踏み切りました。今はよくやってくれています。矢野さんがどんどん仕事をやってくれれば、その分、保育士の先生方の園児とかかわる時間が増えますし。よかったと思っています」と話す。

矢野さんは、信楽学園を修了して、滋賀県障害者雇用支援センターに入所し、滋賀障害者職業センターの協力のもとで就職をめざして訓練に励んでいた。子ども好きで、やさしい矢野さんに向いた仕事を、と模索していたカウンセラーなどの関係者は、保育園のようなところで働けないかと考え、実習先と就職先さがしが始まった。

関係者の努力が実って、ひなぎく保育園への就職が決まった。現在、知的障害者の働く場も、従来の製造業から、さまざまな業種に広がりつつあるが、老人施設など福祉関連や保育園などでのさらなる活躍の場の拡大が望まれる。

(2003年11月)

「もうちょっと待ってね」お昼寝の準備

「みなさん、手をふきました」昼食が待ち遠しい園児たち

先生たちと朝の打合せ

第二いずみ苑

（福岡県飯塚市）

おじいちゃんたちの笑顔が見たい

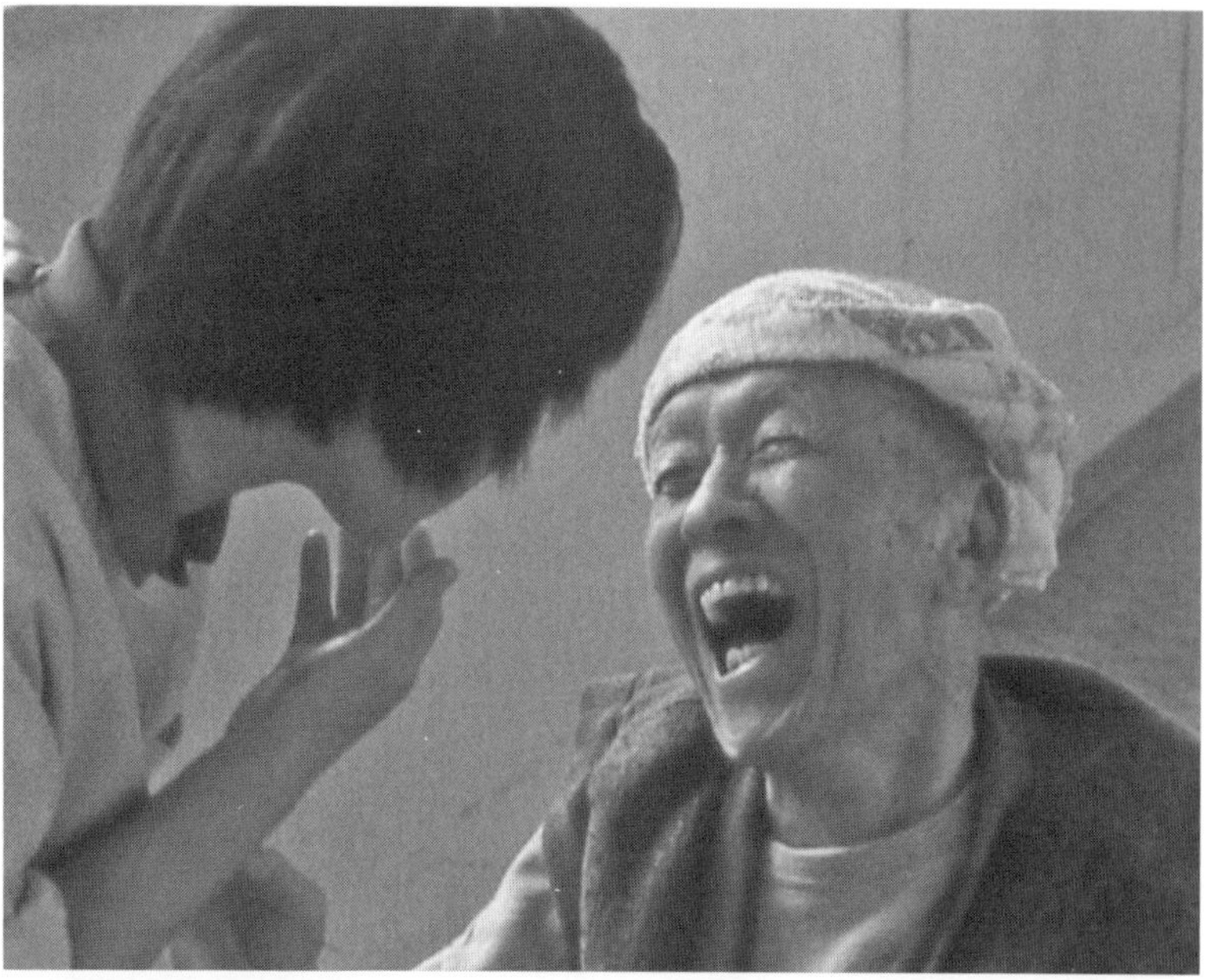

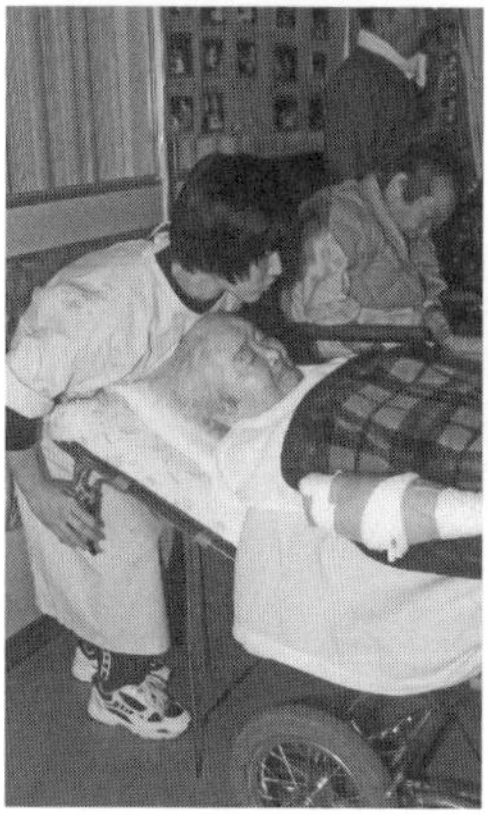

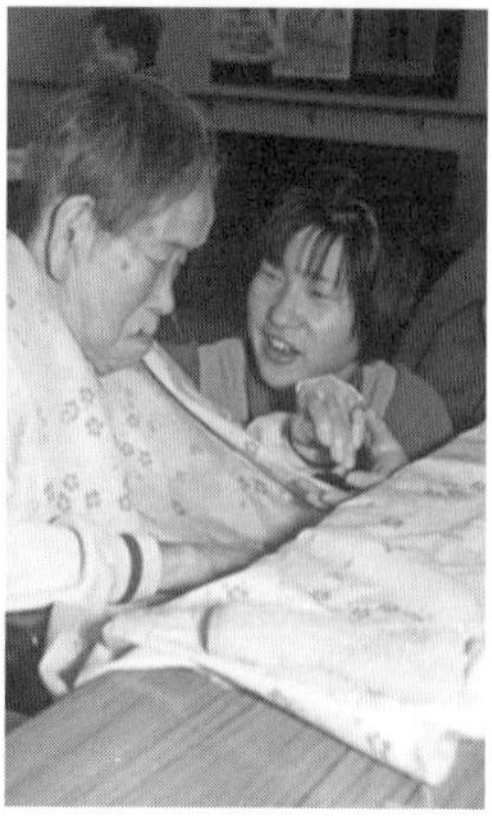

「○○さん、おはようございます。よく眠れましたか」

「△△さん、今日はひげを剃ろうか」

「今晩は××さんの好きなテレビ『水戸黄門』があるね。楽しみだね」

――話しかける岩迫清美さん(27歳)に、お年寄りたちが孫を見るような笑顔でこたえている。

特別養護老人ホーム第二いずみ苑の朝のはじまりだ。岩迫さんと西川博美さん(21歳)は、このホームの介護職員として、2年前から活躍している。

2人は1998年から、せき髄損傷者職業センター(福岡県飯塚市)で試行されてきた「知的障害者の介護分野への職域拡大事業」で指導と訓練を受け、第二いずみ苑へ就職した。

現在までに、18名の知的障害者がこの指導・訓練(所内指導6週間、職場実習6週間を2カ所の全18週間実施)を受け、11名が特別養護老人ホーム、老人保健施設、デイサービスセンターなどで活躍している。

岩迫さんたちを受け入れた第二いずみ苑の伊東紅施設長も、「はじめは、知的障害者に対する不安がありました。しかし、センターの先生たちの強い勧めで、岩迫さんを受け入れてみました。最初は職員もイライラしたようですが、いろいろ指導をすると、積極的に仕事をしてくれるようになりました。お年寄りたちにもほどよい目線で対応している姿から、私も職員たちも学ぶことが多かったです。彼女たちが来てから、笑顔が多くなった気がします」と、岩迫さんたちの成長に期待している。

高齢化社会の進展に伴って介護へのニーズが高まり、今後、さらなる労働力が必要とされるこの分野で、知的障害者の新たな活躍が期待される。

(2002年4月)

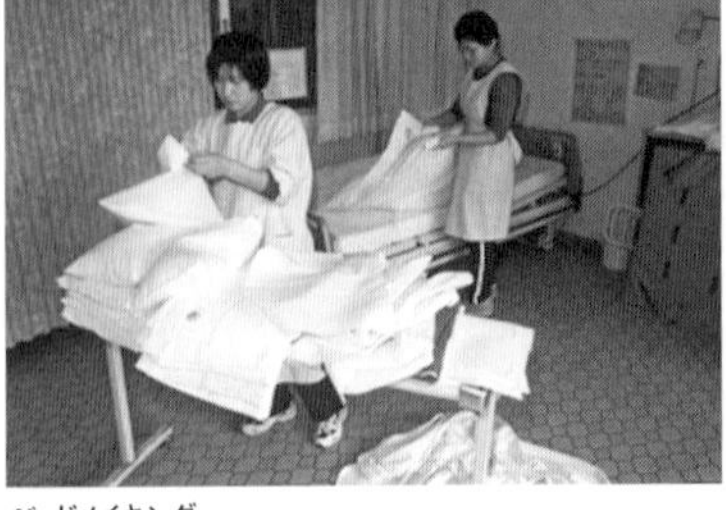

ベッドメイキング

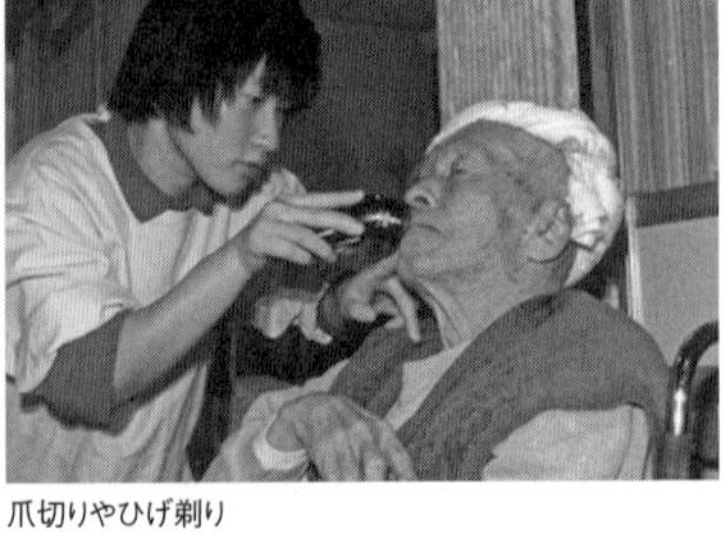

爪切りやひげ剃り

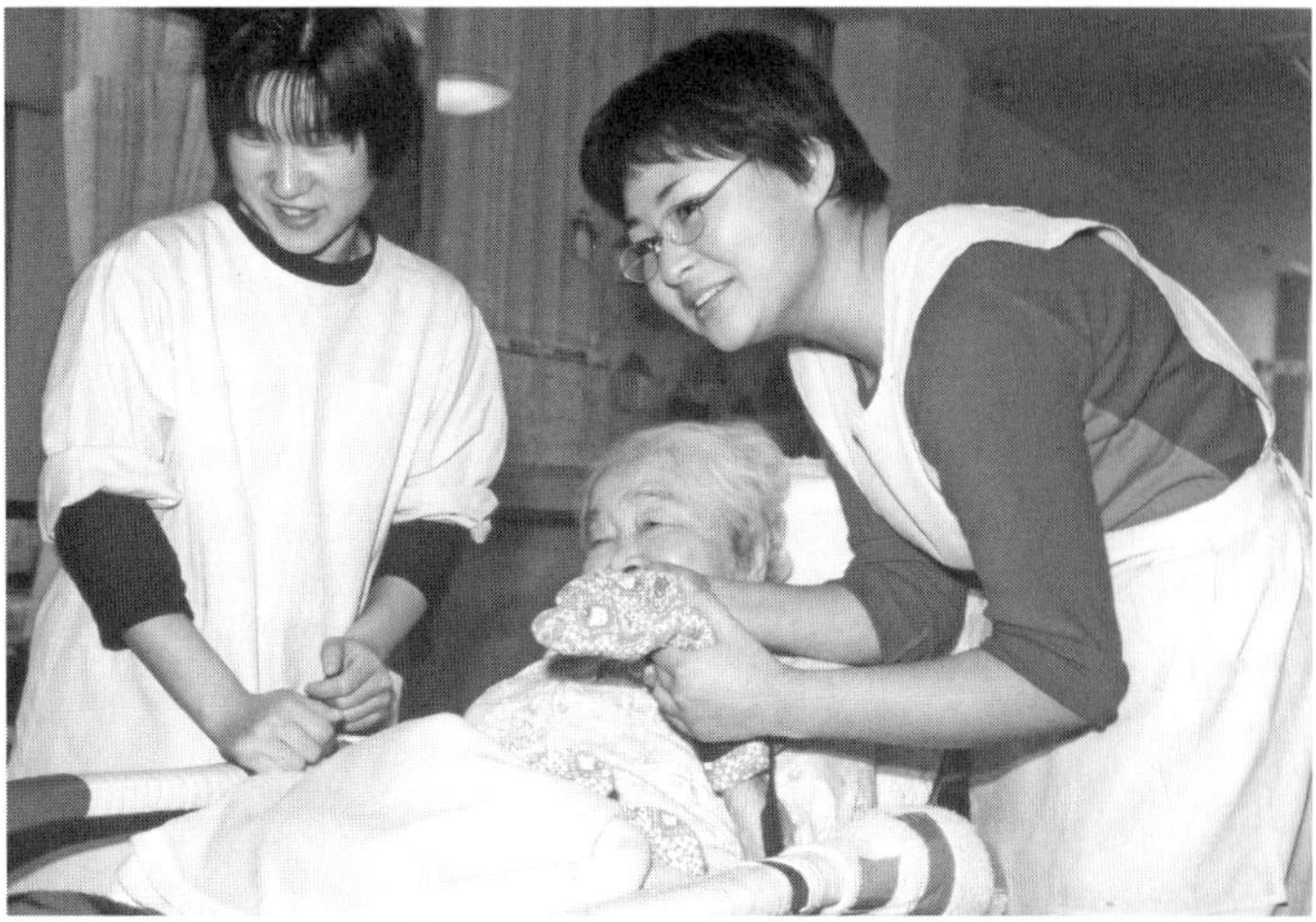

「亡くなった自分のおじいちゃんの世話をしてあげたかったから、介護の仕事を選びました。いま、自分のおじいちゃん、おばあちゃんと思って仕事をしています。みなさんとお話ししながら、毎日楽しいです」と話す岩迫清美さん(左)。「まだ慣れないこともあり、ついていくのが大変。でも、やりがいがあります」という西川博美さん

おやつ配り、配膳、後かたづけと、仕事は幅広い。食事介助も職員の目の届く範囲でする

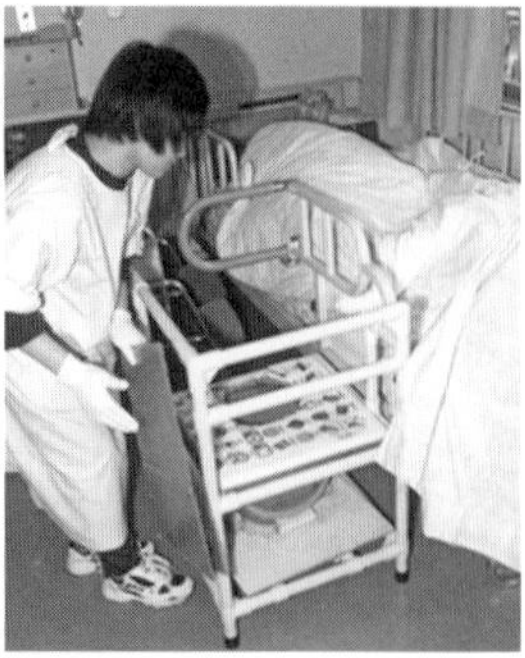

排泄介助と洗浄

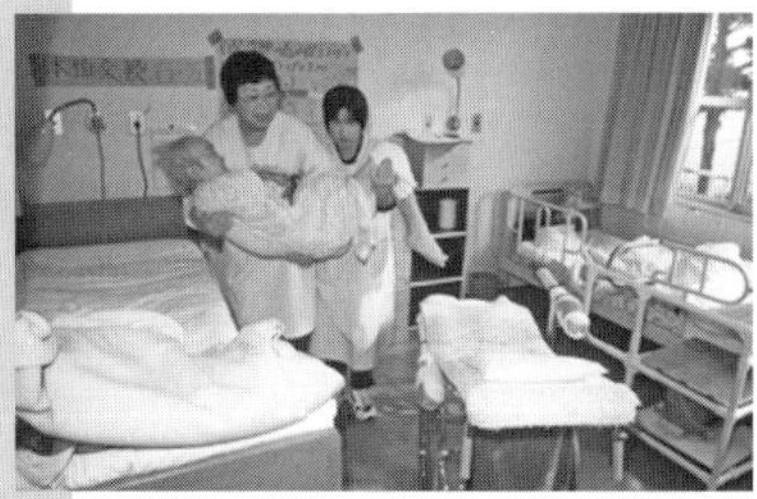

車いすへの移乗、体位変換などでは、職員の補助を。単独ではしないよう指導されている

あいさつや声かけは介護の基本。岩迫さんの明るい対応を素直に受け入れる

まちかどホームすずらん

（大阪市）

「ヘルパーさん、ありがとう」

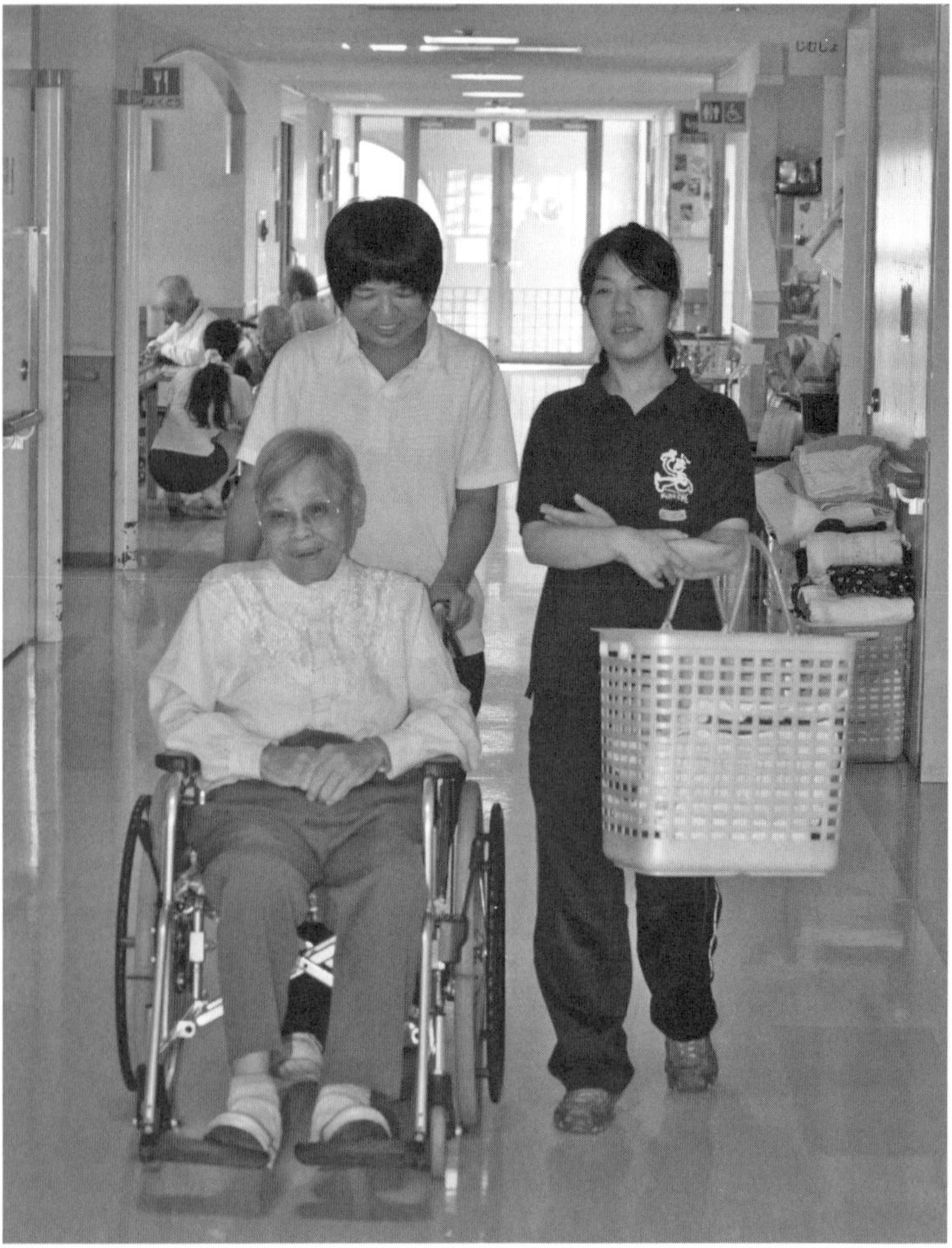

「お昼の時間だよ。ご飯食べよう」と、車いすに乗ったおばあちゃんに声をかける嶺絵理さん(21歳)は、大阪市西成区にある特別養護老人ホーム「まちかどホームすずらん」で働くホームヘルパー。大阪市職業指導センターで2年間の職業訓練を受け、ホームヘルパー2級の資格をもつ、今年4月に採用された新人職員だ。

嶺さんは、中学時代からボランティアクラブに所属して老人施設を訪ね、話し相手になったり配膳を手伝ったことから、介護の仕事に興味をもった。高校生のときは施設実習に行き、「ねーちゃん、これしてやー」と頼まれたが、できなかった。できなかったことが悔しかった。できるようになりたいと、介護の仕事をめざした。

別のフロアでは、勤続7年になる足立明未さん(28歳)が、一般職員と変わることなく、つぎからつぎへと利用者の要請にこたえて手際よく仕事をすすめていた。もうベテランのようだ。足立さんも高校生のときから福祉の仕事をしたいと、ホームヘルパー2級の資格取得に挑戦した。研修のときには専門用語がわからない、漢字が読めないなど悪戦苦闘。時間はかかったが資格を取得、念願のホームヘルパーとして活躍している。

この施設では現在3人の障害者(知的障害2人、精神障害1人)が、2級ヘルパーの資格をもって働いている。運営母体の法人全体では、従業員392人のうち障害者が10人(主に知的障害者と精神障害者)雇用されている。

嶺さんも足立さんも、「この仕事は大変ですが、利用者さんに「ありがとう」といわれ、笑顔が見られたら、がんばってよかったとうれしくなります」と笑顔で応じてくれた。

(2012年12月)

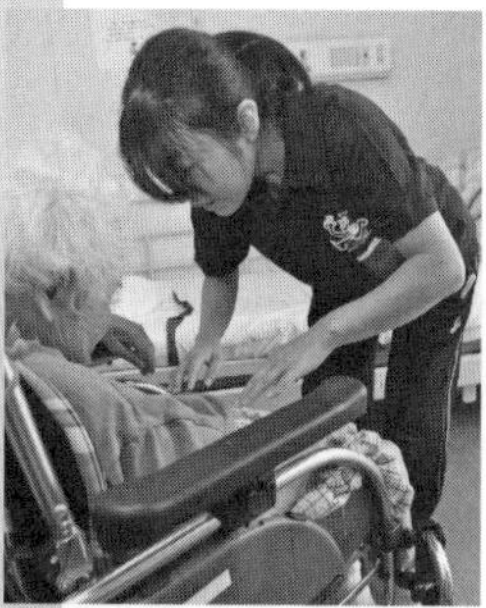

てきぱきと仕事を処理していく足立さん。「足立さんは、いまは視点が広がり、つぎに何をするのかをわかって仕事をしています。コミュニケーションもうまく取れているようです」と小林由紀子施設長代行

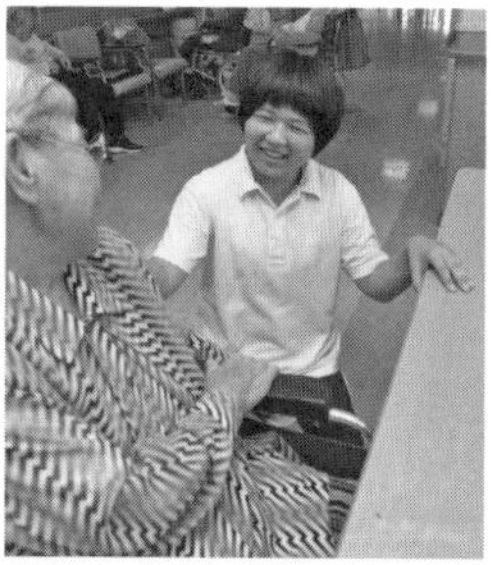

おばあちゃんと話す嶺絵理さん。歩行付添い、着脱介助、入浴、食事、トイレなどの介助、話し相手、……ヘルパーの仕事は多種多様

近くの商店街への買い物に付き添う足立明未さん(外出支援)

リデル・ライト記念老人ホーム

（熊本市）

「うまかもん、つくるけんね」
――知的障害者と高齢者福祉施設

小笠原嘉祐理事長（精神科医・臨床心理士）

「えーと、何グラム必要だっけ」。携帯電話の電算機能を使って計算する沼田久美さん

今年で100歳のおじいちゃんも満足

「おばあちゃん、おまちどおさまです。今日はチキン南蛮だよ。イワシのつみれ汁もおいしいよ。ゆっくり召し上がってね」と、昼食の配膳作業がすすんでいく。熊本市の社会福祉法人リデル・ライト記念老人ホームが運営する老人福祉施設の一つ、総合生活支援センター「カムさぁ」(グループホームおよびデイサービス)の昼食時の会話だ。

配膳作業をするのは、近くにある知的障害者小規模作業所授産施設「ふれあいワーク」(就労継続支援事業B型)の5人のメンバー。メンバーは毎週月曜日から金曜日まで、朝9時にふれあいワークに出勤。朝礼のあと高齢者たちの待つ施設を訪れ、調理人や職員とともに、それぞれ分担して昼食、ケーキ、クッキーづくりを始める。

知的障害者たちに就労の機会を与えたいと考えていたリデル・ライト記念老人ホームの小仲邦生総合施設長の提案に、小笠原嘉祐理事長が「ノーマライゼーションは理念より事実が大切。かまえることなく、ふつうにやればいい。地域でおたがいにできることはやってもらおう」と、この事業を始めて3年目になる。

メンバーもいまは、仕事にもすっかり慣れ、段取りよく作業をすすめるまでになった。利用する高齢者や介護する職員たちの評判も上々だ。

こうした高齢者福祉施設などで、知的障害者が高齢者のリズムに合わせ、目線を低くしてお手伝いする姿は感動的でもある。高齢者福祉施設での知的障害者の就労の場が、さらなる広がりをみせることを望みながら、取材を終えた。

(2008年6月)

「おばあちゃん。お茶をどうぞ」と笑顔で対応する沼田さん

「カムさぁ」担当のメンバーたち

国立がん研究センター東病院

（千葉県柏市）

先端医療機関での知的障害者の活躍

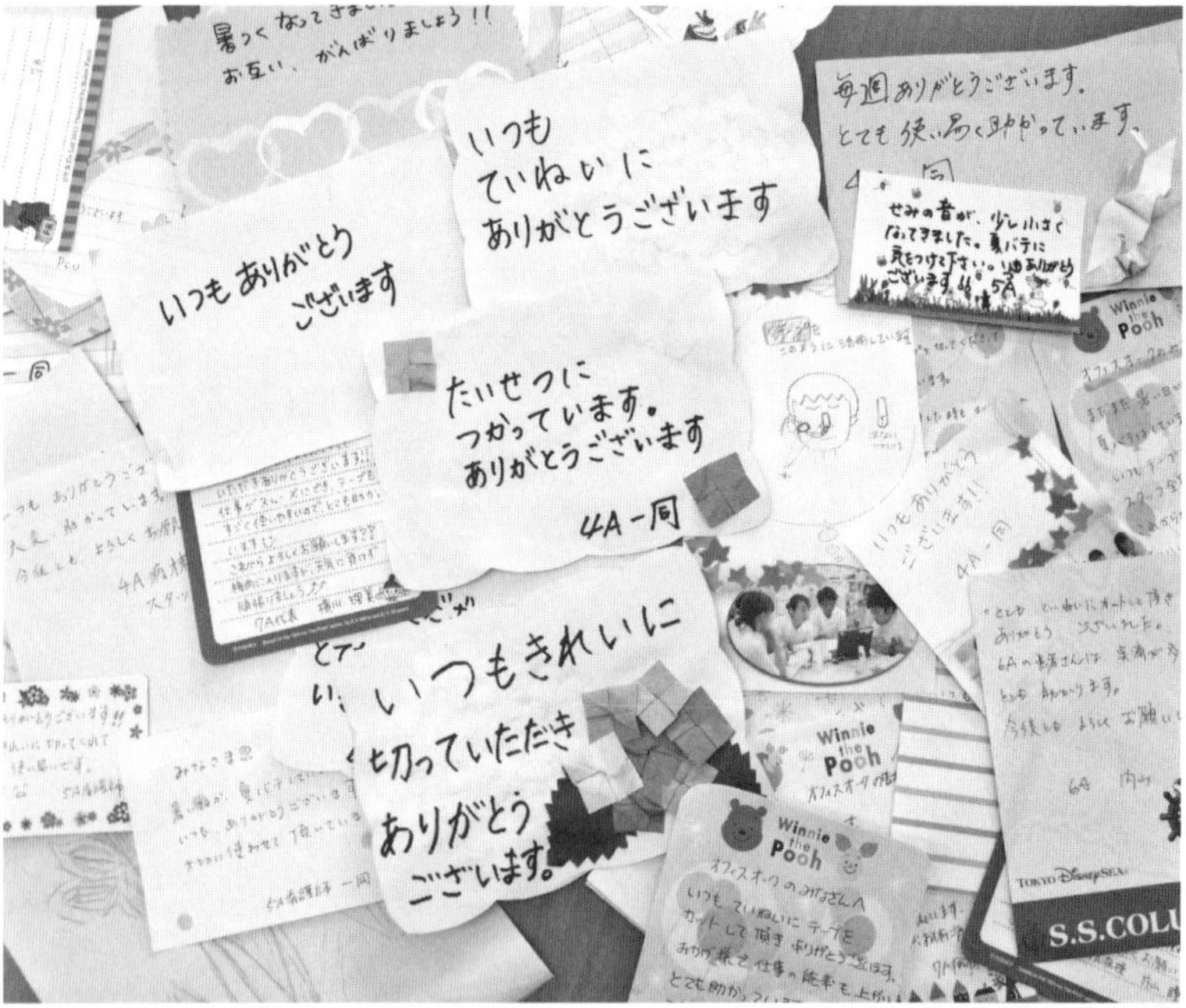

各部署のナースたちから寄せられた感謝のメッセージ

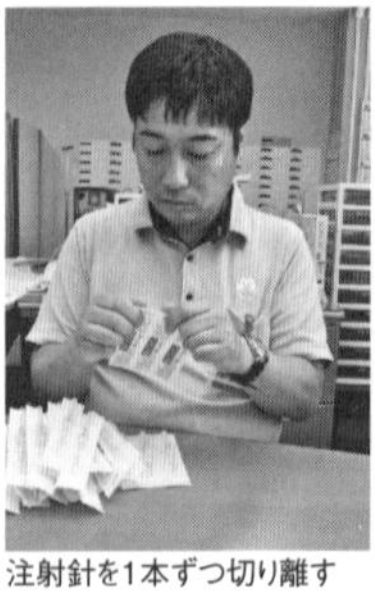

注射針を1本ずつ切り離す

知的障害者が働く、東病院内の「オフィスオーク」でのミーティング

長澤京子ジョブコーチリーダー

国立がん研究センターは、日本を代表するがんの専門医療研究機関で、東京築地に中央病院、千葉県柏市に東病院がある。センターでは、まず、２０１１年４月、中央病院での知的障害者の雇用が始まり、事務系のメールサービス、名刺印刷、コピー用紙の搬送などの業務から職域開拓し、知的、精神、身体の障害者たちが、働いている。つづいて、東病院での障害者雇用がスタート（２０１１年６月）。ここでは、知的障害者を医療関連業務に従事させるという先駆的な試みに挑戦したのだ。

ジョブコーチリーダーを中心に、医療業務の中で、知的障害者がどんな業務ができるかを模索した。看護師は多忙で、仕事は、多岐にわたっている。障害者が、補助的な仕事ができれば、看護師たちが、本来の仕事に専念でき、患者に接する時間がより多くなる。サービス向上につながり、病院にとっても、よい結果が生まれると考え、知的障害者の医療関連業務がはじまった。

（２０１２年12月）

絆創膏を使いやすい大きさ、長さにカットする

シートカット作業をする芝岡亜衣子さん

要請された品々の準備作業を終えて看護ステーションに届ける佐々木貴春さんたち

福山大学薬学部生物薬学科を1999年3月卒業。同年薬剤師国家試験に合格

薬剤師　杉原 都さん

（岡山・井原市）

聴覚障害のハンディを乗り越えて

岡山・井原市の「いばらセンター薬局」の薬剤師・杉原都さんが、処方箋を見ながらテキパキと仕事をすすめている。薬を調合し、1回分ずつ袋に詰める。また、たくさんの薬剤が並ぶ棚から、必要な薬を取り出し、何度も確認し、同僚の手を経て患者さんたちにわたされていく。笑顔で活発に働く杉原さんと直接会話することがなければ、彼女が聴覚障害者と気づかないだろう。彼女は、幼いころから、先天性難聴と診断され、補聴器を使っている。両親がともに薬剤師だった杉原さん、両親の働く姿を見て、将来は、自分も薬剤師になりたいと考えていた。当時、薬剤師法でも、目が見えない者、耳が聞こえない者、口がきけない者に免許を与えない……という欠格条項があった。が、諦めることなく大学で学びつづけていた。2001年に「障害に係る欠格条項の見直し」がおこなわれ、国家試験を受けることができるようになり、みごと1回で合格し、念願の薬剤師となった。

（2003年8月）

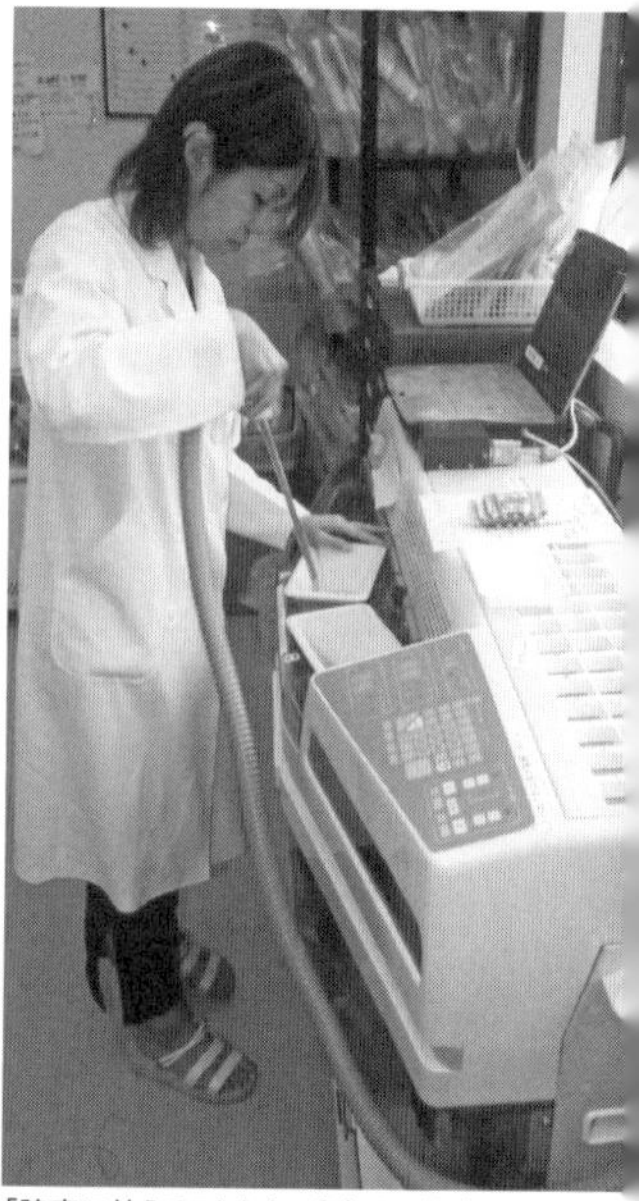

「障害に甘えることなく、責任ある仕事をして聴覚障害者への理解を得ることが大切。もっと勉強して、地域のみなさんに安心して薬を飲んでもらえるようがんばりたい」と言う

三井 悟さん　和田精密歯研

（東京工場）

一歯入魂の歯科技工士

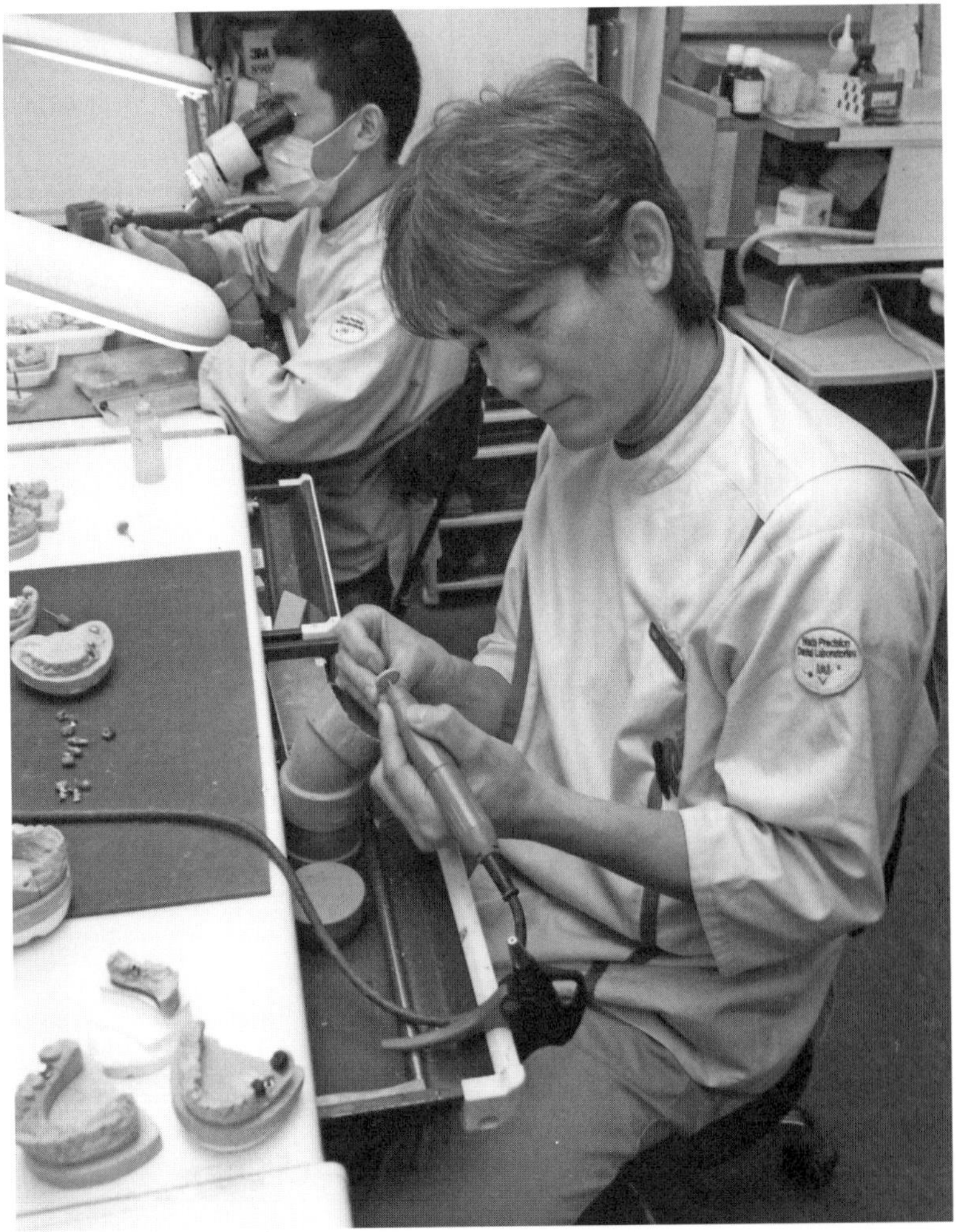

「私の祖父と伯父は歯科医でした。幼いころから、私も将来は歯科医になりたいと思っていましたが、当時は、聴覚障害者はその資格を取得することはできませんでした(欠格条項により)。しかし、歯科関連の仕事がしたいと考え、筑波大学附属聾学校・歯科技工科に進学して、歯科技工士の資格を取りました」と話す三井悟さん(46歳)。卒業後の1983年4月、和田精密歯研株式会社・東京工場に入社。26年目のベテラン歯科技工士である。

和田精密歯研は歯科技工製品の製造と販売を、全国20カ所で展開する国内最大の会社。1966年にはじめて聴覚障害の歯科技工士を採用して以後、障害者雇用に取り組んでいる。現在33名の障害者(聴覚障害者25名、下肢障害者6名、ほか2名)が活躍し、障害者雇用率7・8%を誇る会社でもある。

三井さんの職場にも3人の聴覚障害者が働いている。全員三井さんと同じ学校の後輩たちだ。職場の担当係長である三井さんは、学校の後輩の指導のほか、職場のリーダーとしての重責を担う。

「わが社の社訓の第一が「品質第一を貫け」です。私は歯科職人として、歯科技工物を作品と考え、心をこめて製作しています。「一歯入魂」で、毎日仕事に取り組んでいます」と三井さんは話す。

(2009年11月)

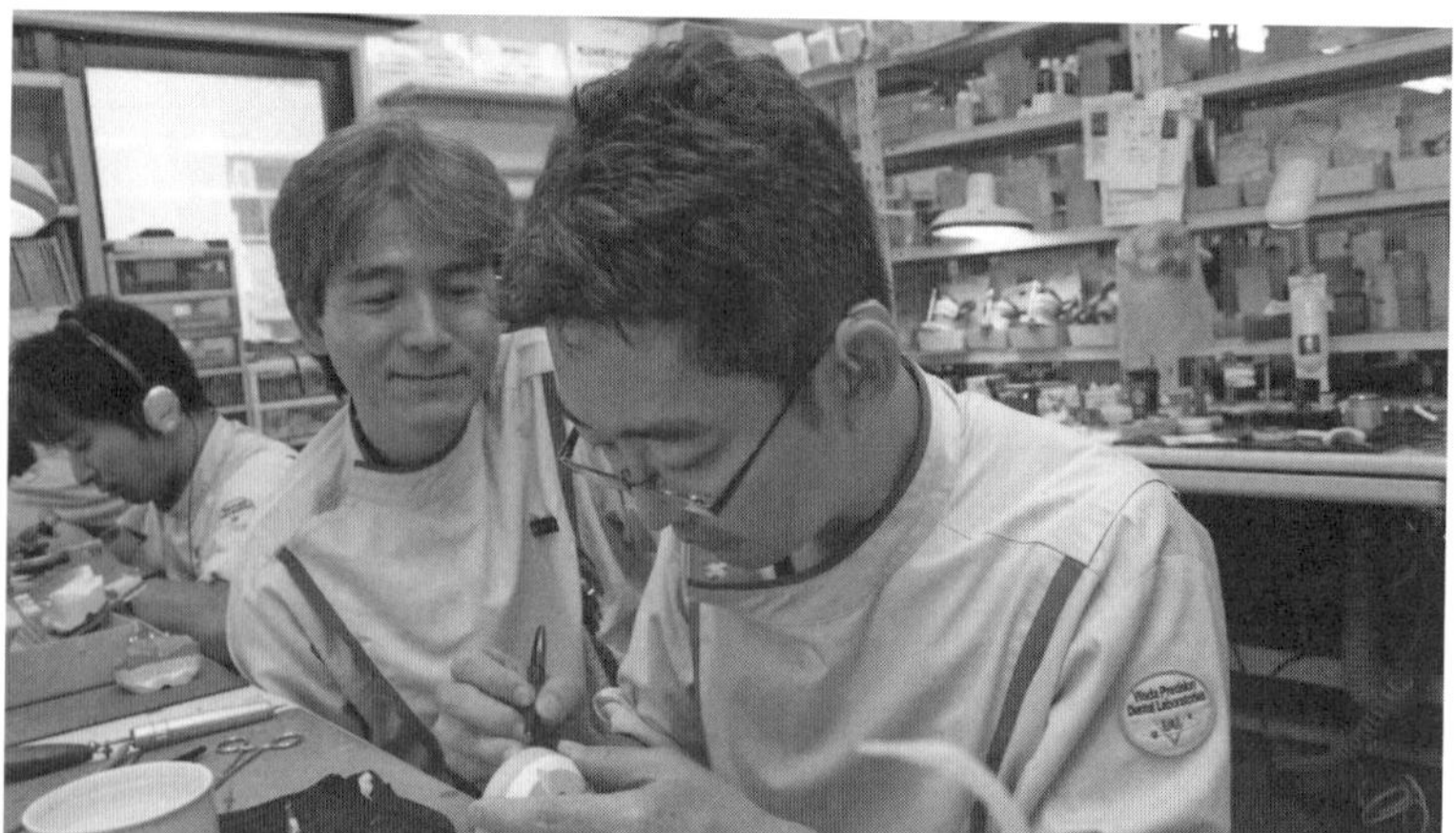
係長として技術管理に務め、部下の相談にのりアドバイスをする

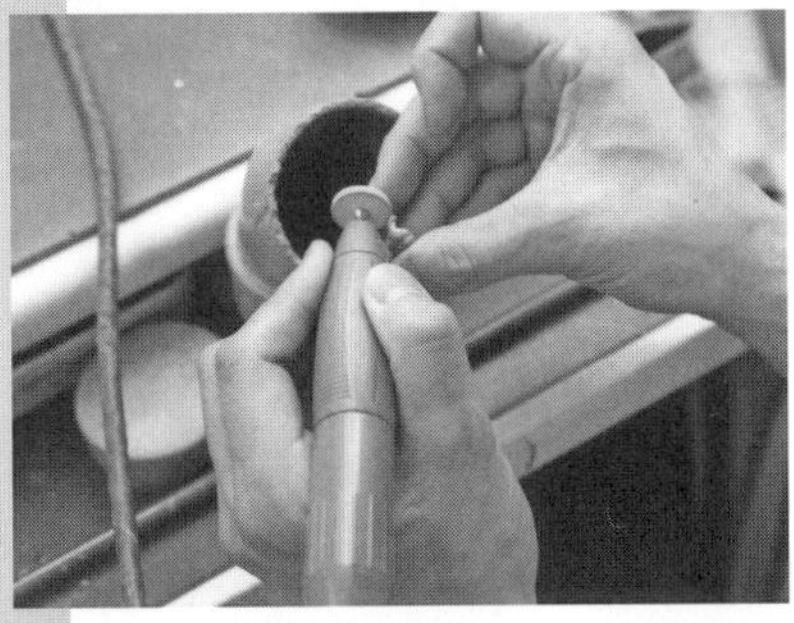

学校の後輩たちと昼食

筑波大学附属聾学校の後輩だった啓子さんと結婚。いまでは、3人の子どもたちのよき父親である

言語聴覚士　中瀬 洋昭さん
（熊本県菊陽町）

「さあ、おもいきって、声を出してみよう」

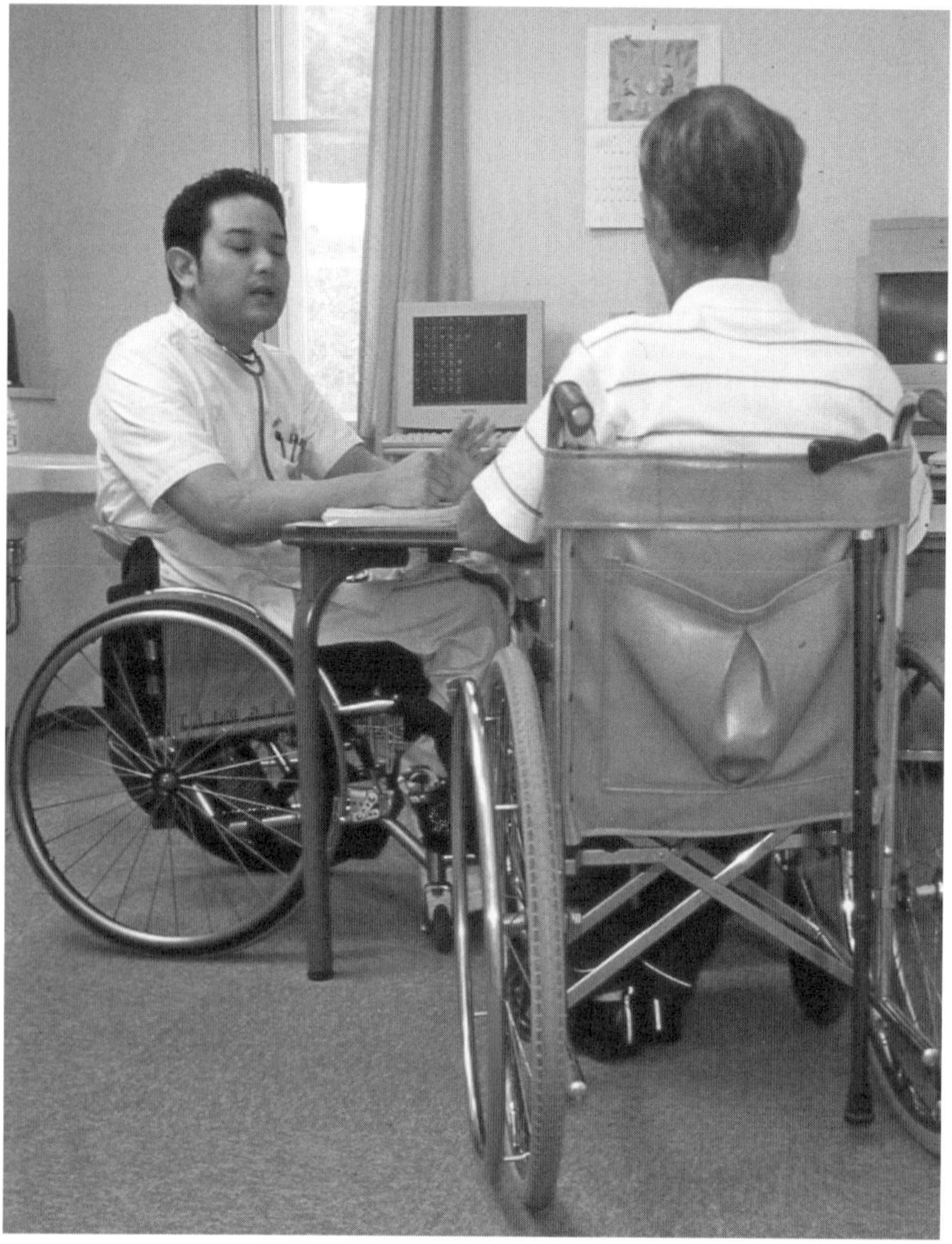

熊本空港近くにある熊本リハビリテーション病院の言語聴覚室。「さあ、おもいきって、声を出してみよう」と、車いすに乗った患者さんに声をかけているのは、言語聴覚士の中瀬洋昭さん(26歳)。中瀬さんも車いすだ。

「言語聴覚士とは、いろいろな原因で、ことばやコミュニケーションに障害がある方に対し、障害の改善のために、相談・援助・指導・訓練をおこないます。また、訓練に先立って必要な検査や評価をおこないます。国家資格のある専門職です」(熊本県言語聴覚士会作成のパンフレットより)

中瀬さんは、子どものころからスポーツが大好きで、高校では空手部に入って活躍していた。練習や試合で、よく捻挫やケガをして病院にかかることがあった。その病院のリハビリの担当者がすばらしい人だったことから、「自分も将来、この人のようなリハビリの専門家になりたい」と思うようになった。

高校を卒業後、西日本リハビリテーション学院に入学、理学療法士をめざしていた。しかし、2年生のとき、学校から帰る途中、交通事故に遭い、その後は車いすの生活になってしまった。

「もう、理学療法士になれない」と、自ら9カ月にわたるリハビリをするなど、苦しいときを過ごしていた。リハビリをしながら、「理学療法士がダメなら言語聴覚士がある」ことに気がついた。中瀬さんは、リハビリの専門家になりたいという思いをあきらめることなく、つぎは「言語聴覚士」をめざして再出発したのだ。

ふたたび専門学校(メディカル・カレッジ青照館)に入り直し、4年間猛勉強の日々を送った。国家試験にも合格、2005年4月、晴れてリハビリの専門家として、熊本リハビリテーション病院に入った。ここに言語聴覚士・中瀬洋昭が誕生したのだ。

(2005年11月)

「この病院で働けるようになってうれしいです。リハビリに対する取り組みも、意識も高いと思っています。私と同じ車いすの人も多いですから、心を開いてリハビリに取り組み、少しでも恩返しがしたい」と、意欲いっぱいの中瀬さん

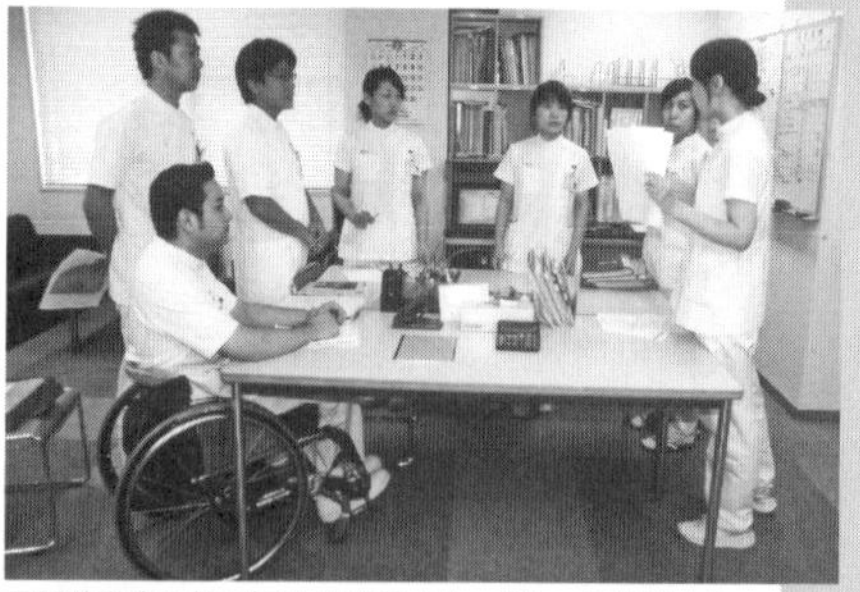

言語聴覚室の朝の打合せが終わると、忙しい1日が始まる

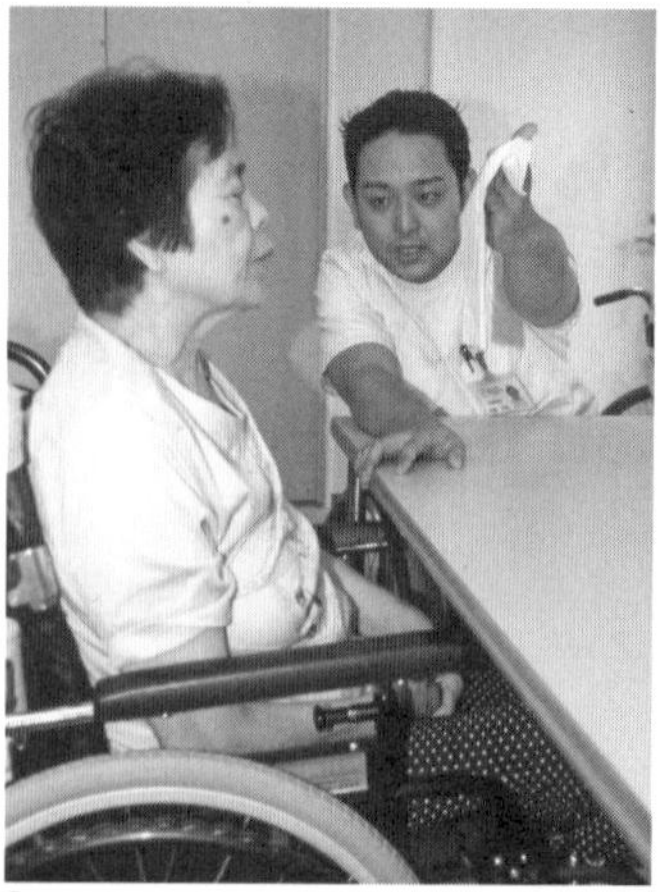

「さあ、いきおいよく、ふいてー」

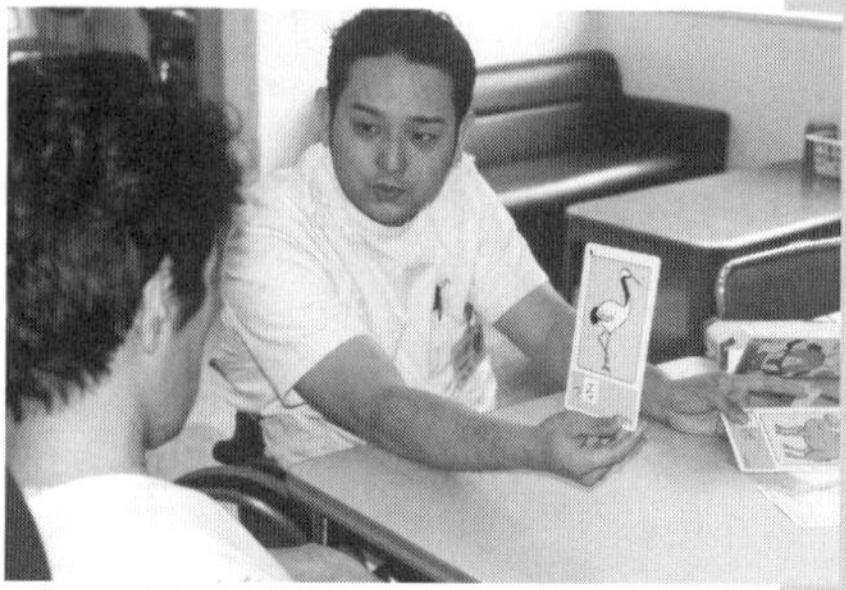

失語症の患者さんの訓練

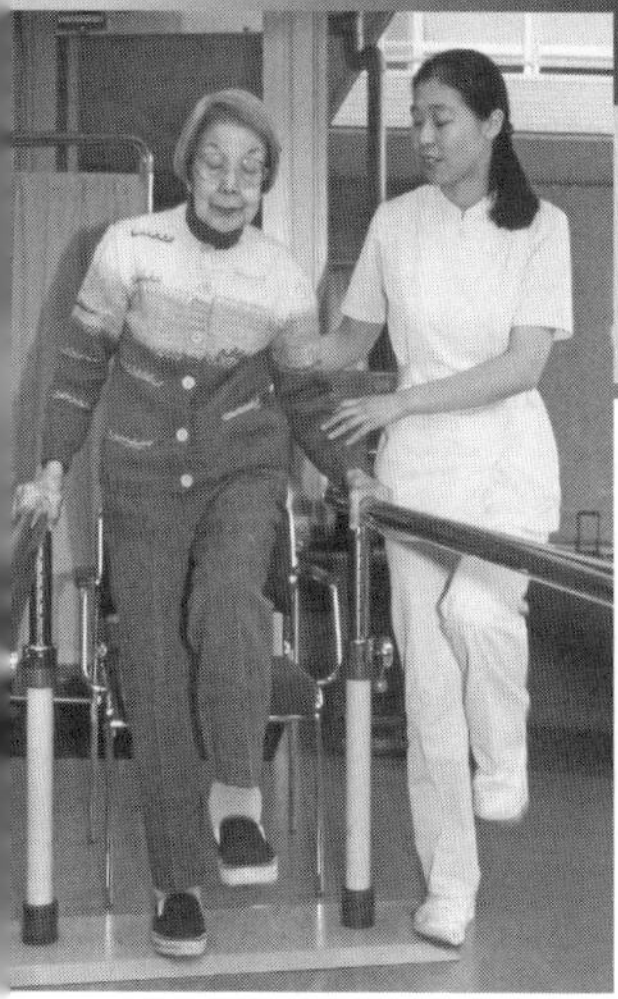

❷ 保育・介護・医療にかかわるしごと

機能訓練指導員 荒川 祐子さん

（東京都練馬区）

からだと心のマッサージをめざして

荒川祐子さん(右)。視覚障害1級。1999年より第二光陽苑で働いている。東京都清瀬市の自宅から電車で通勤。「自分のできること、できないことをはっきりさせ、自分のわかる範囲でやっています」

「昨日、孫が面会に来なかったよ。もう、あっちこっち痛くて」

「楽しみにしてたのにね。急な仕事ができたみたいで、都合つけて近いうちに来るそうよ」

「あー、気持ちいい。先生ありがとう。からだが楽になってきたよ。いつも、この時間を楽しみにしているんだよ」

都内の特別養護老人ホームの自室で、機能訓練指導員の荒川祐子さんからマッサージを受けながら、利用者と荒川さんの会話がつづいている。荒川さんは、先天性白内障のため視覚を失った全盲のあんまマッサージ指圧師で、現在、特別養護老人ホーム第二光陽苑で機能訓練指導員として活躍している。

2000年度から始まった介護保険制度では、介護老人福祉施設において、寝たきり防止、自立促進、離床効果などを目的に、機能訓練を重点の一つとして、これらを担当する機能訓練指導員の配置を義務づけている。機能訓練指導員は、あんまマッサージ指圧師や理学療法士など、医療に関する国家6資格者(注)に限られている。しかし最近、鍼灸マッサージで昔から仕事をしてきた、視覚障害者の活躍する場が狭まっている。

全国には特別養護老人ホームが400~500カ所ある。これらの施設で、視覚障害のあるマッサージ師の、機能訓練指導員としての活躍の場が考えられる。関連施設に3人の視覚障害者を機能訓練指導員として雇用する社会福祉法人泉陽会、第二光陽苑の加藤四郎施設長は「利用者の気持ちを敏感に感じとってくれるので、ふだん、いろいろな面でがまんして生活している利用者は、視覚障害者によるマッサージによって、心を活性化しています。安心して過ごしている利用者の姿を見て、雇用してよかったと思っています」と障害者雇用の効用を語っている。

（2003年4月）

(注)あんまマッサージ指圧師、理学療法士、作業療法士、言語聴覚士、看護職員、柔道整復師

川崎 悟さん 池田病院
（鹿児島県鹿屋市）

元幕内力士「錦洋」のどすこい人生

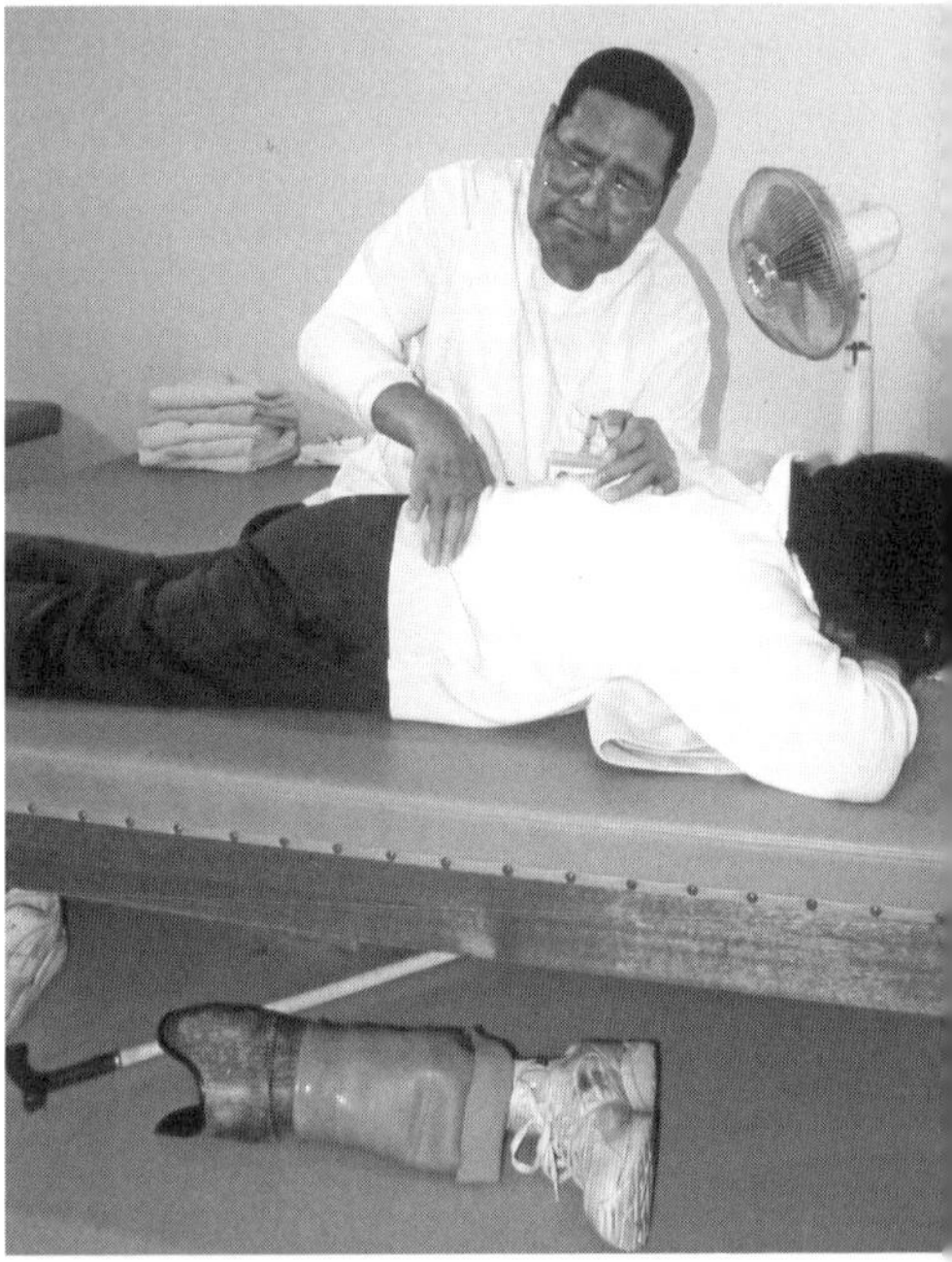

鹿児島県鹿屋市にある池田病院リハビリテーションセンター。この一角で、患者さんをマッサージする白衣の大男がいる。大横綱の大鵬、北の湖から金星を上げたこともある、元大相撲幕内力士「錦洋《にしきなだ》」こと川崎悟さん(54歳)だ。

川崎さんは、力士の職業病とも言われる糖尿病に苦しみ、引退後に失明、腎不全も併発し、人工透析を受ける生活となった。2001年2月には、糖尿病性壊死のため、右足を膝下から切断。三重苦を背負いながらも、マッサージ師として活躍している。

子どものころから体の大きかった川崎さんは、小学校の入学式には6年生用の制服を着用し、鹿屋中学入学時には体重が90キロもあった。

鹿児島で大相撲の巡業があったおり、地元出身の関脇鶴ケ嶺のサインを求めて見学に行った。鶴ケ嶺関はサインをしながら、川崎少年の体を見回し、「相撲取りになる気はないか。なるんだったら俺が弟子にしてやる」と声をかけてきた。

こうして川崎少年は、中学卒業を待たずに

「川崎さんの、病気や障害に負けずに生きる姿勢が、患者や職員のいいお手本」と話す池田徹理事長

義足の着脱や院内の移動には、同僚たちの協力を得る

井筒部屋に入門した。1965年に大阪場所で初土俵、68年新十両、翌年7月には入幕をはたした。幕内で27場所、最高位は東前頭筆頭。しかし、糖尿病がすすみ、体力の限界を感じた川崎さんは、77年1月、相撲生活に終止符を打ち、奥さんの故郷、鳥取県米子市で、ちゃんこ料理店「大峩」を開店した。

店も順調で、妻と娘2人とのおだやかな日々がつづいていたが、糖尿病は川崎さんから視力を奪い、腎不全も併発させた。「このままでは妻や子どもに迷惑をかけ、かわいそうだ」と考えた川崎さんは、病院のベッドで自ら離婚を選び、87年に単身で鹿児島に帰省。実家から池田病院へ通院し、透析を受ける日々がつづいた。

「目が見えなくても、透析していても、何かできるはず」と模索する中から、「手足が動くのだから、マッサージ師になろう」と決意し、39歳で鹿児島県立盲学校に入学した。受験勉強も大変だった。「高校生にまじり、中年の大男が詰襟の学生服姿で、白杖をついての通学。まわりはびっくりしていたようです」と笑う川崎さんは、3年間がんばり通して、あんまマッサージ指圧師の資格を取得し、93年に鹿屋に戻った。

「よくがんばった。もう心配ない。うちでマッサージ師として働きながら、娘さんたちの帰りを待ちなさい」と、池田病院の池田哲男会長に迎えられ、同年12月に就職した。

ああ、どすこい、どすこい
今、歩き始めた、三たびの人生
ああ、試練あるのは、覚悟のうえ
負けてたまるか、泣くものか
子供のためにも、負けられぬ
新たなこの世の、人生の
土俵に向かい、こんどこそ
上げて見せるぞ、勝ち名乗り
———以下略
（川崎悟さん作詩の相撲甚句より）
（2004年5月）

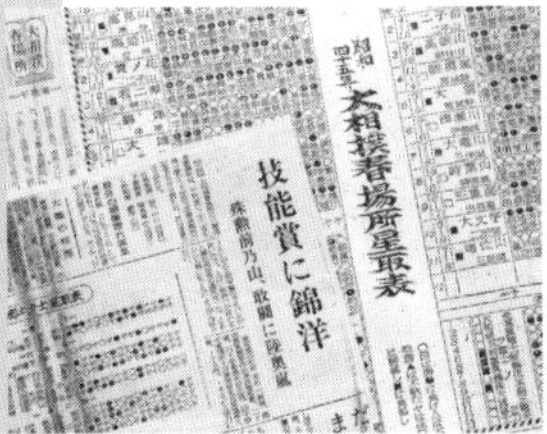

1970年春場所で技能賞を獲得したときの新聞

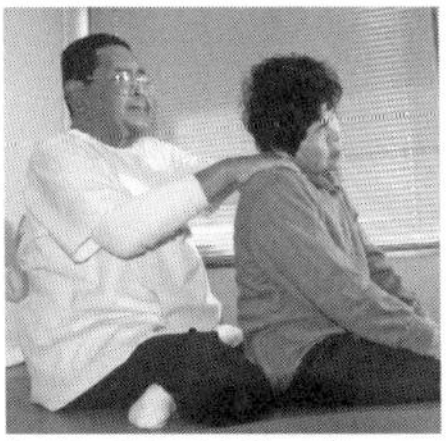
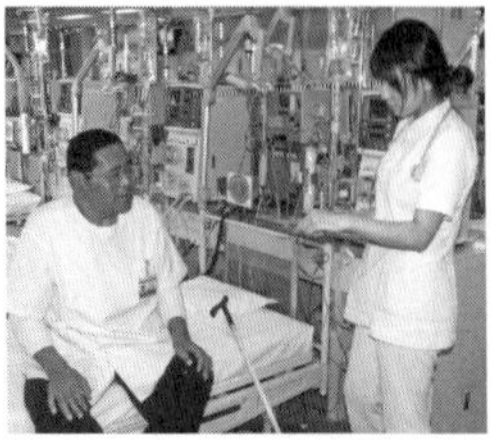
「こうして毎日がんばって働いていれば、幼いときに別れた娘たちにも会える」と、娘さんとの再会を楽しみにする川崎さん。近く、長崎旅行の計画のある娘さんから、待望の電話があったそうだ

Column
コラム

「皆働社会」をめざして

大山 泰弘

いま82歳の私は、「中小企業のもう一つの活路」と題する講演を、各地でおこなっています。

重度障害者多数雇用モデル工場を設立し、重度の知的障害者をグループホームを活用して自立させることに取り組んでいた私は、76歳のとき、2009年度の渋沢栄一賞をいただきました。

受賞理由は「一人前に働けない重度障害者を、20～60歳のあいだ、施設でケアすれば、一人あたり2億円以上かかるところ、理化学工業では60歳以上が5人も働いている。その実績は、国の財政支出を10億円も削減する貢献をしたことでした。

私は、重度の障害をもつ支援学校の卒業生に、企業にかわって国が最低賃金を払う制度をつくれば、彼らがみんなそろって働ける「皆働社会」が実現できるのではないかと考えています。そうすれば、国、企業、重度障害者、家族の四方一両得となると同時に、企業は社会貢献をしながら経営強化ができることになります。

「中小企業のもう一つの活路」とは、このことだったのです。

ところで、本書の著者である小山博孝さんは、毎月『働く広場』で障害者が、それも重度の障害者がいきいきと楽しそうに働いている姿を紹介してくださっています。ほんとうにありがとうございます。

その小山さんは、私個人にとっても恩人なのです。なぜなら、小さな白墨製造会社で知的障害者だけを雇用している私が、社団法人全国重度障害者雇用事業所協会の会長として、設立から2003年までの長い期間務めることができたのは、小山さんが知的障害者たちがいきいきと戦力になって働く姿を紹介してくださっていたおかげだからです。

国が知的障害者にも助成制度を適用することを進めていたとき、大きい経営者団体から「時期尚早だから、今回は賛成しないように」との申し入れがありました。それにもかかわらず、過半数の会員が知的障害者を雇用していることもあり、私は会議で賛成意見を述べることができました。こうして、雇用率アップとともに、助成制度の適用が実現され、障害者雇用の前進に貢献できたのでした。

あるとき、小山さんの写真を見た脳神経外科の教授が、こんなことを言いました。

「人間一人では生きられない。人は、まわりから大事にされたいため、まわりに役立つことに幸せを感じる、ほかの動物にはない「共感脳」をもっているのです。まわりに役立つことで幸せを感じてがんばるから、戦力にもなるのです」

このことから私は、憲法27条が、すべての国民に勤労の権利と義務があり、共生を超えた「皆働社会」をめざすことを語っているのだと知ったのです。

（おおやま・やすひろ　日本理化学工業（株）会長）

Ⅱ章

働く現場を見る

六丁目農園（アップルファーム）

（宮城県仙台市）

いつも満席。仙台で評判のビュッフェレストラン

自然派ビュッフェレストラン「六丁目農園」。いつも開店と同時に満席になる人気レストランだ

仙台市の郊外、仙台東インターチェンジ近くに、バイキングスタイルの自然派ビュッフェレストラン「六丁目農園」がある。ランチタイムだけの営業だが、連日、予約でいっぱいだ。

代表取締役社長の渡部哲也さんの義弟が、ある日、交通事故にあって高次脳機能障害になり、感情のコントロールができなくなった。そして、ささいなことにも我慢ができず、家族に暴言を吐いたり、暴れることが多くなった。

渡部さんは、彼をはじめとする障害のある人のために何かできないかと模索し、仕事をするかたわら、地域でのボランティアにも参加した。そしてついに障害者雇用に取り組む決心をした。自営で、鯛焼き屋、カレー屋、パン屋、農園管理などの事業を展開しながら、障害者雇用も始めた。

渡部さんは、2010年に株式会社アップルファームを設立し、10月「六丁目農園」をオープン。現在、40人の障害者が、厨房で料理をつくり、料理を運び、後かたづけ、清掃にと交代で働いている。

2011年、3月東日本大震災が発生、「六丁目農園」も津波の影響も受けたが、ただちに復興に着手、一カ月後に再開した。渡部さんのつぎの目標は、震災で職を失った人、障害者たちの雇用創出の場「東北復興プロジェクト」づくりだと動き出している。

（2012年9月）

厨房を取りしきる料理長の桜井英輝さん。自身もアスペルガー症候群で苦労してきた

渡部哲也社長

厨房でも多くの障害者が働いている

渡部さんが鯛焼き屋をはじめたころから働く堀籠達さん（38歳）。発達障害で、初めは、環境になじめず、集中できず大変だった。現在、ピザ焼を担当。店の人気者として活躍している

清掃班は朝早く出勤して、開店までに作業を終える

ロクファームアタラタ　東北復興プロジェクト

（宮城県名取市）

障害者とともに、東日本大震災からの復興をめざす

ロクファームアタラタ

「90年後の君へ」と題した手紙が入るタイムカプセル。企画は、プロジェクトを応援する俳優の伊勢谷友介さん

レストランの厨房で、ゆで卵の殻むきをする畑中慎太郎さん

パン工房「ル・タン・リッシュ」

レストラン&ブッフェ「アタラタ・マルシェ」

仙台市の「六丁目農園」渡部哲也社長から、東日本大震災で職を失った人々や障害者の雇用創出をめざした東北復興プロジェクトを、渡部さんをはじめ飲食店経営、設計、建築などさまざまな分野で活躍するプロフェッショナルが中心となって立ち上げ、推進している話を聞いていた。プロジェクト名は「東北ロクプロジェクト」。その中核となる施設「ロクファームアタラタ」が、復興事業にともなう資材や作業員不足の影響などもあって、構想から2年3カ月を経て、2013年9月、ようやくオープンした。

「大震災は私たちから多くを奪いました。一方で、多くのことに気づかせてくれました。この経験から私たちは、震災からの復興をめざすコンセプトに、①雇用の創出、震災で職を失った人や障害者への働く場の提供、②1次産業の支援で、1次(生産)、2次(加工)、3次(販売)を一体化し、6次産業化をはかる、③防災意識の啓発、この3点をあげて、一般社団法人東北復興プロジェクトを設立して事業を展開しています」と代表理事となった渡部さん。

現在オープンした施設では、90人のスタッフ(障害者40人)が働いている。障害者のみなさんは、それぞれの職場で調理補助、施設の清掃、環境整備、案内板など備品の製作、ファームで農作業と活躍している。渡部さんは「今後1年以内に、障害者をさらに20人ほど採用していくつもりだ」とつけ加えた。障害者とともに、震災からの復興に期待し、応援したいものだ。

(2014年3月)

各施設の清掃

農場の朝礼。農業班、清掃班と、1日の仕事の分担が決まる

パンづくりは楽しいと仕事をする杉浦萌魅さん

オムレツ用の材料の準備、コロッケづくりと、つぎつぎに仕事を進める遠藤祥子さん

パンを焼く石窯。震災時、薪なので、電気、ガスがなくても大丈夫だ

挽きたての風味を大切にするため、毎日製粉する。そば職人の矢島克彦さんの指示に従って製粉機を動かす北沢秀人さん（右）
（そばレストラン「焔蔵」）

外壁もきれいに

日昇館尚心亭

（京都市）

「ようこそ、おこしやす」

宿泊者の朝食準備に忙しい山本全さん

日昇館尚心亭には76の客室がある。約500人の宿泊が可能だ

京都・三条大橋近くの老舗旅館「日昇館尚心亭」をはじめて訪れたのは、1996年のことだった。日本で最初の派遣業務型で、工場といっても、建物などない「ハコなし福祉工場」として知られた、社会福祉法人美山育成苑が運営する「京都市よしだ福祉工場」の取材のときだった。当時、この福祉工場の発想に賛同した日昇館では、訓練生たちの実習を受け入れ、知的障害者の雇用に取り組みはじめたのだ。

こうして、日昇館での知的障害者の雇用が進み、現在、21人の障害者が、全国各地からやってくる修学旅行の生徒など多くの宿泊客を迎える。客室、大浴場、ロビーの清掃、パンづくり、朝・夕食の準備、食器洗浄など旅館のさまざまな部署で働いている。この働く姿を、生徒たちに見せようと、わざわざ日昇館を指定して訪れる学校もあるほどだ。

野村一雄社長と夫人で女将の野村睦美さんは「ずっと障害者雇用を難しいものとは考えないでやってきた。旅館やホテルにはいろいろな仕事がある。人はそれぞれ向き不向きがある。気楽に、気楽にです」と話す。日昇館は2010年9月、障害者雇用優良事業所として厚生労働大臣表彰されている。

（2011年7月）

野村一雄社長と女将の野村睦美さん

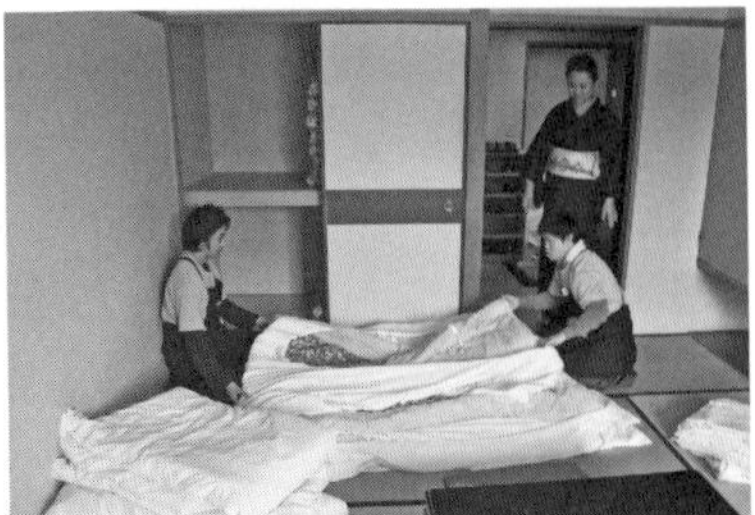

富崎裕治さん、杉本壮介さんたちの仕事を見守る女将の野村さん

朝のミーティング。女将から仕事の分担や指示を受けて、１日の仕事が始まる

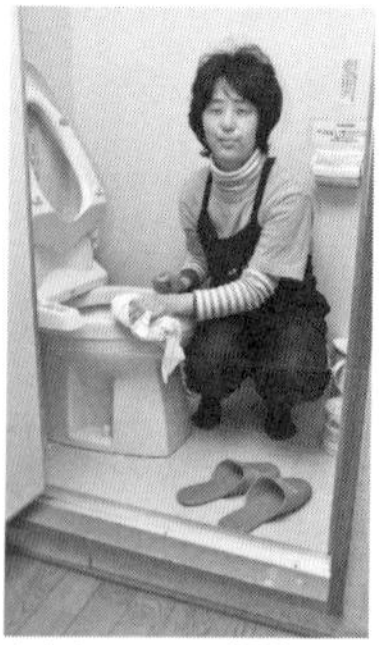

客室をていねいに掃除してつぎのお客を迎える

洗い場で働く坂本康彦さんとさ山口紀美子ん

大浴場を担当する小林智樹さんと辻直樹さん

日昇館尚心亭で働くみなさんと野村夫妻

ホテルフリーゲート白浜

（和歌山県白浜町）

「私たちのホテルは、花いっぱい緑いっぱいで、アットホームです」

ホテルには花がいっぱい

花の植え替え

客室やロビーに飾る花水鉢づくり。毎日おこなう

食事どきは大忙しの食堂班

井口総支配人(左)と打合せするフロント係の愛須通生さん(右)たち

左手の不自由な合川貢さん。客室係のチーフとして指導にあたる

濱口誠さん(聴覚障害)は経理も担当

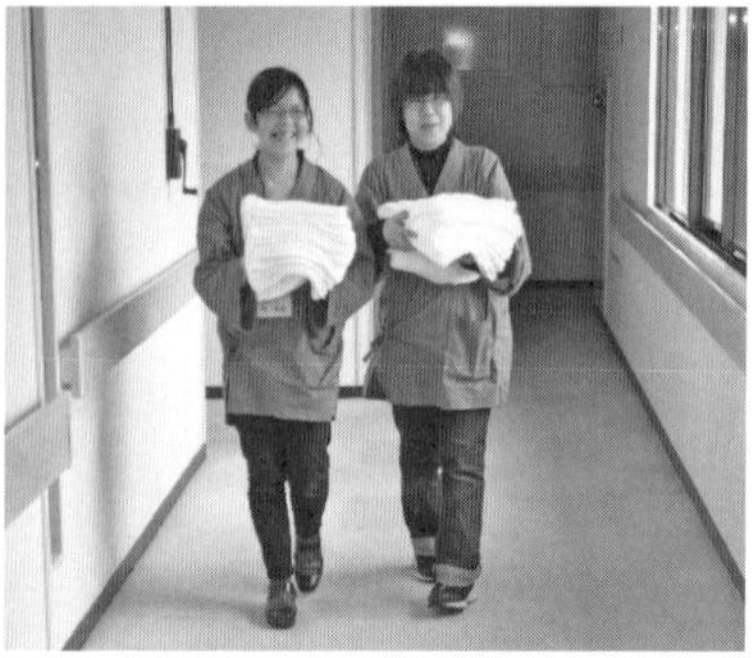
客室係の仲佳清さん(左)と石井静さん

女将、支配人、料理長以外の従業員は、すべて障害者という観光ホテルがある。和歌山県の有名観光地、南紀白浜にある「ホテルフリーゲート白浜」だ。フロント、客室担当、清掃、環境整備、配膳、調理補助などの業務を、身体障害者、聴覚障害者、知的障害者、精神障害者25人が交代でこなしている。

このホテルは、40以上のブランド、600を超える店舗を全国に展開するファッション企業、株式会社パル（本社・大阪市、井上隆太社長）が、地元白浜町の要請もあり、企業の社会貢献の一環として、撤退したホテルを取得して、昨年春に開業したものだ。

はじめは障害者11人を雇用して館内の美化清掃をおこない、ビジネスホテルとしてスタートした。このビジネスホテルで、ホテルマンとして必要なノウハウを学び、障害があっても、きちんとお客様に対応できるよう努力してきた。そして今春3月、「花いっぱいの観光ホテル」としてリニューアルオープンした。

（2012年5月）

梅宮 敏彦さん よねくらホテル

（青森県八戸市）

宴会係として活躍

パーティーがはじまった。まずはウェルカムドリンクで歓迎

「いらっしゃいませ、お好みのドリンクをどうぞ」——パーティー会場につぎつぎと訪れるお客様にウェルカムドリンクのサービスをする梅宮敏彦さん（22歳）。八戸第二養護学校高等部を卒業して、1999年4月、地元のホテルに入社、今年で4年目を迎える。卒業したら働きたいと考えていた梅宮さんは、高等部2年生のときから、食品会社、スーパーなどで何度も実習をくりかえしたが、就職にはつながらなかった。学校の進路指導の先生たちの熱心な実習先探しにこたえ、地元ホテルが実習を受け入れ、梅宮さんの実習姿にホテルも「なんとかやれる」と受け入れを決断し、入社が決定したのだ。（2003年10月）

③ サービスにかかわるしごと

塩出 桃子さん トモニー

（岡山市）

桃から生まれた 桃子姫は、 れすとらんの看板娘

岡山市の社会福祉法人旭川荘が設立した、重度身体障害者雇用事務所・有限会社トモニーのれすとらん「ゆずりは」。ここでは、重度の知的障害者たちが、接客や厨房での仕事に、毎日がんばっている。（２０１２年５月）

森の国 ぽっぽ温泉

（愛媛県松野町・JR松丸駅）

障害者の「癒しの手もみ」で地域活性化

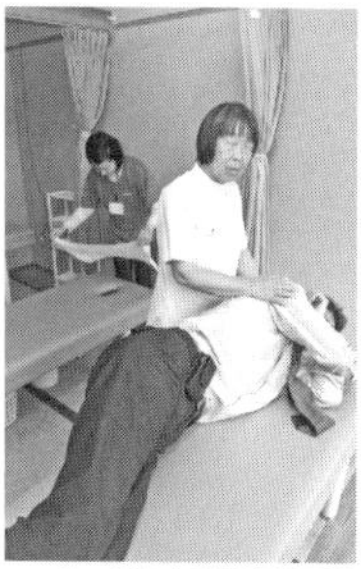

マッサージをする福井弘子さん。交代で担当する

視覚障害のマッサージ師たちの誘導、お客様の案内などをおこなう平野孝一さん

「駅舎全体が町のふれあい交流館となっています。健康、ふれあい、福祉の拠点であり、障害者のみなさんとともに、松野町の活性化をさらにすすめたい」と話す阪本壽明町長

露天風呂

無料の足湯。地域の小学生たちが楽しんでいた

JRの駅舎を利用した温泉。そこでは障害者が、町の活性化に一役買っている——という話を聞いて、早速出かけた。愛媛県・松野町、JR予土線の松丸駅にある「森の国 ぽっぽ温泉」だ。

松野町は四万十川上流で、愛媛県南部の山あいにあり、高知との県境の町。まさに森の国だ。人口約4000人の松野町が、地域活性化になればと、松丸駅舎2階に大浴場、露天風呂、足湯などの入浴施設を開設した。

隣町にある旭川荘南愛媛病院の内外の清掃や洗濯などの作業を受注して、障害者の就労継続支援A型事業所などを運営する「株式会社トモニー・えひめ」は、地域での障害者の雇用の場をさらに広げようと松野町に企画提案し、2012年6月、森の国 ぽっぽ温泉の指定管理者になった。

「トモニー・えひめ」の鈴木晶夫社長は「ぽっぽの手」と名づけたマッサージ室を新設。地域の視覚障害者団体の協力を求め、いまは国家資格をもつマッサージ師5人(うち視覚障害者4人)と、それをアシストする知的障害者、精神障害者、身体障害者3人が働いている。利用料金は20分800円で、月平均300人が利用する。町内外から訪れる人に大好評なのはいうまでもない。

松野町も「町から財政支援を受けることなく、障害者との協働による福祉のまちづくりと地域活性化を実現している好事例」と言う。鈴木社長も「この「森の国 ぽっぽ温泉」の事例が、地域と障害者の協働事業として全国に広がってほしい」と話す。

読者のみなさんも、「森の国ぽっぽ温泉」と「ぽっぽの手」で癒されてみてはいかがだろうか。

(2013年6月)

予約表をチェックし、マッサージ師に知らせる河添紀子さん

丸岡南中学校　C・ネットふくい

（福井県坂井市）

一筆啓上。わが校の給食はおいしい。そして楽しい。

丸岡南中学校の坪川淳一校長。「恵まれた環境に感謝することを忘れないようにと、指導しています」と話す

午後0時半から、461人(生徒428人、職員33人)が一堂に会しての給食が始まった。AB2種類のメニューから、自分が食べたいものを選ぶカフェテリア方式で配膳されている。生徒たちは順番に並ぶ。楽しそうだ。ここは、福井県坂井市にある市立丸岡南中学校のランチルーム。丸岡町は「一筆啓上。火の用心。お仙泣かすな。馬肥やせ」の日本一短い手紙で有名なところである。

丸岡南中学校の給食を支えているのは、社会福祉法人C・ネットふくい丸岡(南中)事業所(就労継続A型事業所)の社員33人の知的障害者たちだ。朝8時半、中学に隣接した丸岡(南中)事業所に出勤した社員はユニフォームに着替え、一人一人体調や衛生チェックを職員から受ける。そして、それぞれの持ち場につく。

提供する給食の主なものは、事業所内のセントラルキッチンで下処理、加熱調理される。調理されたものはクックチル方式で保存され、翌日提供する。クックチル方式とは、調理された食材を加熱処理したあと一定の温度まで急速冷却し、提供する直前に再加熱する調理方法。多くの外食産業で採用されている。

前日調理された料理が翌日、学校のサテライトキッチンに配達される。担当する社員たちの手で再加熱調理され、盛りつけられて提供される。当日調理のものもたくさんある。温かいものは温かく、冷たいものは冷たく、時間厳守で準備され、生徒たちの期待にこたえている。

この学校給食の仕掛け人で、元丸岡町長の林田恒正さんは、新しい中学校の建設にあたって「登校拒否やいじめのない学校をめざし、みんなで楽しく食事ができること、食事を選択できることにこだわった」と話す。

この給食方式にこたえたのが、C・ネットふくいの松永正昭専務理事。林田さんと松永さん、2人の熱意が実って、現在の丸岡南中の給食が生まれたといえる。中学校の坪川淳一校長は、「毎日の給食が楽しみ。障害のある人たちが毎日、目の前で一生懸命に働く姿から学ぶ教育的効果ははかりしれない」と言う。

校内ですれちがう生徒たちは、みんな「こんにちは」とあいさつしてくれた。すがすがしい学校だった。

(2012年7月)

丸岡(南中)事業所で、給食用の食材の下処理や調理をおこなう社員のみなさん

元丸岡町長の林田恒正さん(NPO法人福祉ネットこうえん会理事長)

中学校内のサテライトキッチンに順次、調理済みの食材が配達される

運びこまれた料理の区分け、盛りつけを給食時間に間に合わせるため、大忙しの学校内のキッチン

食事が終わると、全員で感謝のあいさつをする

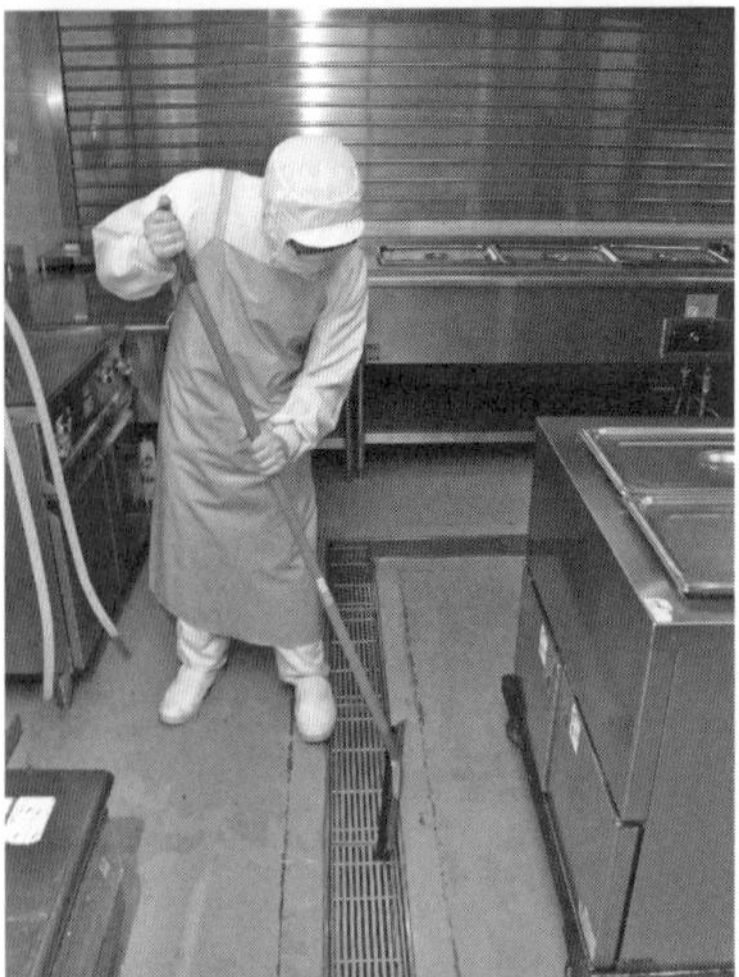

調理器具や食堂内の洗浄、清掃が終わると、給食の仕事は終了する

すべての準備が終わって、生徒たちを待つ

給食が始まった。カフェテリアの前に生徒たちが並ぶ。定食メニューは2種類、好きなほうを選べる

全校生が一堂に会してのランチ。かたまることなく、学年もバラバラに席につく。こうしてみんな知りあい、交流する

Column コラム

障害をもって生きてきた一人として

齊場 三十四

あんたは足が悪いから「あんまマッサージ師」「印刻」がいいのではと、小さいころこんな風に親戚から言われるのがいやだった。

軽度とはいえ、歩行障害のある脳性マヒの将来は、障害者福祉施設入所か家に縛られた生き方が当然だった時代である。

戦後、両親が開始した「金物・雑貨・燃料」を扱う商売もなんとか軌道にのり、母親の校長室乗り込みで地域小学校に進学することになった。その後県立の普通高校へ入学、母親から「まったく通常学生と同じとして受け入れですよ」と言われた小・中・高の校長先生の話をよく聞かされた。

松葉杖歩行ではあったが、先生たちの努力で、特別扱いはまったくない中で、同級同窓のみんなにも支えてもらった。通学には、特殊な自転車を使いながら小・中・高の時代を送ることができた。まさにいまでいうノーマライゼーションの実践だったのかもしれない。

大学進学をする同級生の話を聞く中で調べてみると、当時の大学では、障害者の受け入れ困難とする傾向の存在を知ることになった。なんとか人のために働きたいと考えていた。詳細は、ここでは書けないが、伊勢湾台風の被災により、名古屋に障害者の受け入れをしている日本福祉大学があり、社会福祉という分野があることを知り、強く引かれて、受験、入学した。大学4年生になり、就職を悩みはじめたとき、思いがけない出会いの中で、九州労災病院に医療ソーシャルワーカーとして、働く機会を得ることになった。1965年春、リュックを担ぎ、松葉杖をつき、片道20時間の小倉に乗り込むことで、私の就労生活はスタートした。

リハビリテーションセンターを持つ病院で「患者さんの社会復帰」に取り組むことになった。復帰とはいえ、周辺の理解を得る困難さに対座し、心細くなったこともある中で、小さな冊子『働く広場』に出会うことになった。

「うー。なんじゃ、これは」。障害者の顔、「顔」が写っている。医療の世界では、スライドなど学会発表時、本人に相談することもなく、目の部分を黒く塗りつぶすのが常識である。本人が顔を出してもいいかどうかも確認することもなく塗りつぶしてしまうことに、抵抗感があったことも事実である。そんな中での「なんじゃ、これは」であった。

医学の進歩・研究のためとはいえ、他人の顔を勝手に塗りつぶし、学会で発表する。これはほんとうに人権を守っているのだろうか、という思いがあった。症例状況によっては塗りつぶさないスライドがあってもいいのではないかとときどき心の中で思うことがあった。

通常、自分が自分でありたい思い、思い切って自らを表現することは、ごくあたりまえのことが、障害をもっているから「かわいそう」「見せないほうがいい」「表に出さないほうがいい」とする他人の価値観が振りかざされてしまう傾向は、諸外国とは異なり、わが国では強いのかもしれない。

そんな社会の中で、小山さんののぞくファインダーは、つねに「温かい目」として、障害者側からは見えていると思う。その「温かい目」で、障害者側は、自然に自己表現・自己実現を切り取ってもらうのである。小山さんのシャッター音は、そんな役割をもって響いてきたといえるのではないだろうか。

二十数年前、佐賀大学医学部教授として働くことになったとき、小山さんの取材を受けた。そのとき、いっしょだった教え子とは、いまだに、そのときの「温かさ」が話題になる。

その後、『働く広場』の編集委員になり、仕事をいっしょにする機会が多くなった。

幸いにも、私自身は、つねに背中を押していただいた大切な温かい「人」に出会うことで、とても恵まれた道を歩きつづけてこれた。

最後になったが、勝手に、その一人であると決めている小山さんの温かさは、いまも出会ったころとまったく変わっていない。その「温かさ」で、障害者の挑戦を今後も見つめつづけていただきたいと思うこのごろである。

（さいば・さとし　久留米リハビリテーション病院福祉施設設置準備室長、佐賀大学名誉教授）

II章

働く現場を見る

噌西 秀人さん　ソニー・太陽
（大分県日出町）

プロの期待にこたえるマイクロホン
――モノ造りマスターの挑戦

ソニーのマイクロホン基幹工場内部

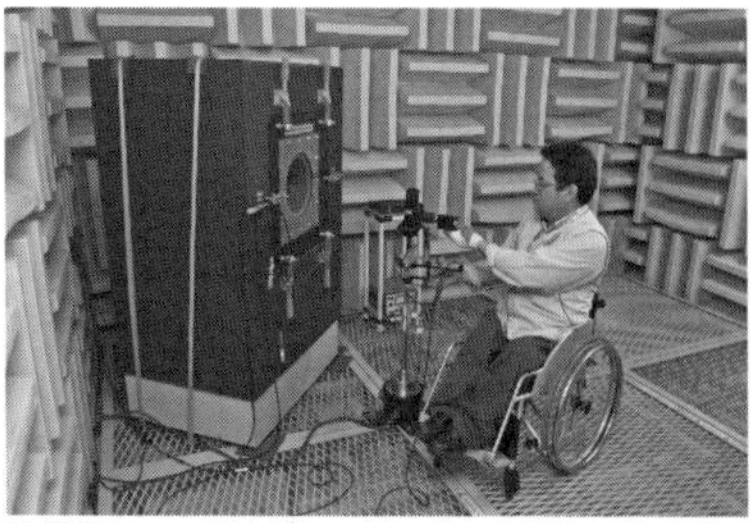
無響室で。つくりあげたマイクロホンの特性などを自分でチェックする

年末恒例のNHK紅白歌合戦のメインマイクロホンに採用されるなど、放送業界に高く信頼されているソニーのマイクロホン「C-38B」。その性能から、プロのミュージシャンやレコーディング・エンジニアに支持されつづける「C-800G/9X」。この2種類のほか、ソニー製の各種マイクロホンの設計から生産、修理、メンテナンスまでおこなう国内唯一のマイクロホン基幹工場がある。

1978年、「保護より機会を」という意志で活動する「太陽の家」と、ソニー創設者の井深大の人に対する考え方が共鳴し、大分県日出町に誕生したのがソニー・太陽株式会社だ。現在は、社員173人のうち115人の障害者(身体障害80人、聴覚障害22人、内部障害8人、視覚障害2人、精神障害3人)が働いている。

今年で設立35年になる同社では、高い技術力をもつ社員が育っており、ソニーが認定する「モノ造りマスター」を輩出している。「モノ造りマスター」の一人である噌西秀人さん(56歳)は、ソニーの代表的な高性能マイクロホン2種類(前出)の製作を一人でおこなう名人だ。

福岡県で生まれ育った噌西さんは、9歳のとき鉄棒で逆上がりをしていて落下。下半身がまひし、車いす生活を送っている。その後、太陽の家の授産施設などを経て1988年2月、ソニー・太陽に入社した。ソニーが世界中を驚かせたウォークマンの組立て作業から職業生活は始まり、マイクロホンの分業組立てに従事しながら技術を磨いていった。そしていまでは「モノ造りマスター」となり、プロ仕様のマイクロホンづくりに活躍している。

ニスの塗り方、コイルの巻きかげんなど、ちょっとしたことで、マイクロホンの音質がちがってくる。神経がすり減るような作業だ。「すべて音質のためです。それが第一であり、それだけは譲れないポイントです」と噌西さん。逸品づくりの職人の挑戦はつづく。

(2013年8月)

ソニー・太陽では、ワンマンセルと呼ばれる作業台で、最初から最後まで一人ですべてつくりあげる。組立てから製品チェック、梱包までおこなう

「子どものころからプラモデルなど、ものをつくるのが好きでした。車いす生活になりましたが、ソニーや太陽の家などみなさんのサポート、仕事に打ちこめる環境があって、いまがあります。やる気と努力があれば、できないことはない」と言う

名機といわれるマイクロホン「C-38B」

多くのレコーディングスタジオなどで愛用される「C-800 G／9X」

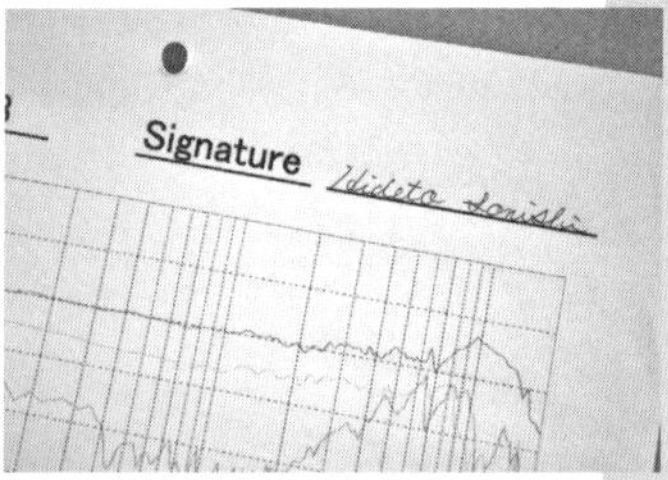

製作者である噌西さんのサイン入りで出荷される

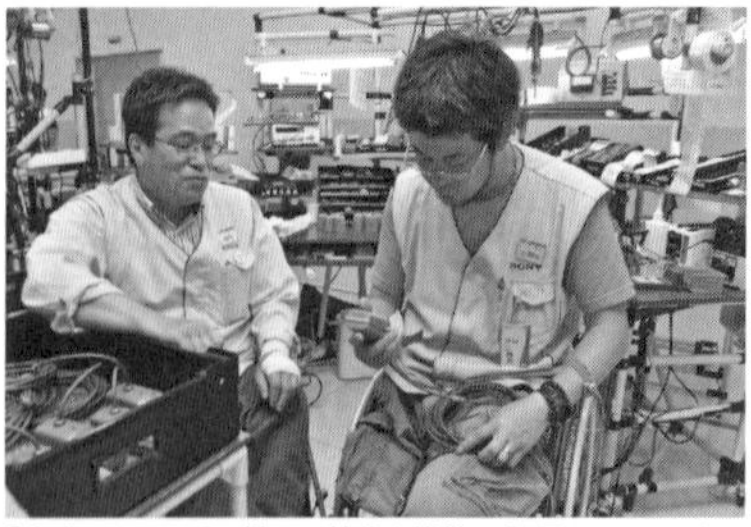

「先輩たちから受け継いだ技術を維持、発展させていかなければならない。責任は重い。これから後継者となる若い人たちに、順次伝授していきたい」と、後輩の指導に力が入る

部品について、担当者たちと話しあう

坂本 真士さん 一色庵

（島根県松江市）

出雲そば職人

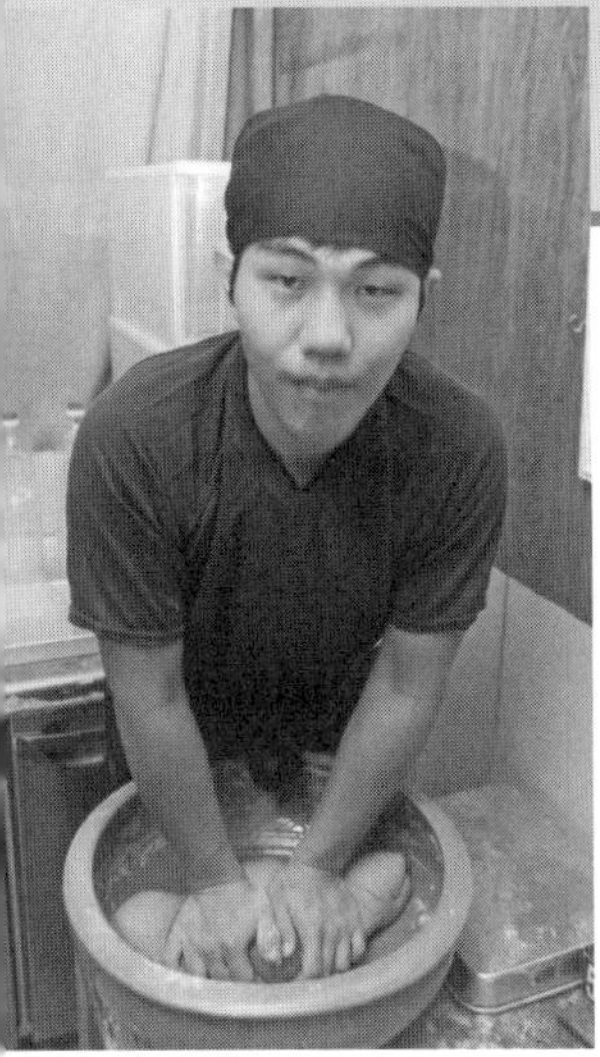

そば粉を量り、こね、のばす作業がつづく

昼食時は、つけ汁、箸、そば湯の準備、食器洗いと、大忙しだ

朝、松江市の「一色庵」のそば工房。男たちが黙々とそば打ちをしている。一色庵では、客に提供するそばをすべて、この工房で手打ちする。知的障害者の坂本真士さんも。約2時間つづくそば打ちに加わり、平均150人分を打つ。作業中、職人たちはほとんど話はしない。そばをこねる、のばす、切る——その音だけが工房に響いていた。

（2006年12月）

山本 健二さん　豆子郎

（山口市）

聴覚障害の和菓子職人

山口県の代表的な和菓子である「外《うい》郎《ろう》」。その老舗の一つ「豆子郎」は、外郎をはじめ数多くの和菓子を生み出し、ヒットさせている。豆子郎は社員110人、12店舗を展開している。

早朝4時、あたりはまだ暗い。豆子郎の本社工場に、防府市の自宅から車で出勤してきたのは、菓子職人の山本健二さん(25歳)。山本さんは、すぐに作業着に着替えて作業場に入る。慣れた手つきで、外郎づくりを手伝い始める。

山本さんは聴覚に障害があり、全く耳が聞こえない。幼稚園から高校まで県立聾学校(現、山口県立南総合支援学校)で学び、豆子郎に入社して7年目になる。

入社してしばらくは、仕事に慣れない中で、困ったことがあった。工場では全員がマスクをしている。上司や先輩たちの口もとが見えず、話を読み取ることができない。見えないので、上司の指示や話がわからないのだ。

「前向きで、その場の空気を読み取る能力が高く、職場に溶けこんでくれました。体を軽くたたいて気づかせたり、メモを書いて渡す。大切なことや正確に伝えるときには、マスクをとって話しかける、などしてきました。いまでは簡単な指文字や手話で、問題なく仕事がすんでいます」と、田原文栄常務は話す。

外郎づくりが一段落した午前5時半から、山本さんが一人で担当する「手鞠柑」づくりが始まった。生の夏みかんやグレープフルーツの中身をくりぬき、ゼリーに混ぜて煮こむ。このゼリーを器となる皮の部分に流しこみ、ふたをして冷やすと、おいしい手鞠柑ができあがる。「山本君のつくる手鞠柑は、お客様にとても評判がよく、人気の商品です」と田原常務。山口へお出かけのときは、読者のみなさんにも、ぜひ召し上がることをおすすめしたい。

(2009年10月)

耳が聞こえなくても向上心いっぱいの山本さん。「いま、手鞠柑を任されていますが、これからつくりたいものもたくさんあります。覚えることも多いです」

山本さんがつくりあげた手鞠柑が店に並ぶ

選別し、洗い終わった夏みかん。ふたとなる部分を切り、中身をくりぬく。穴などを開けないように細心の注意をはらう

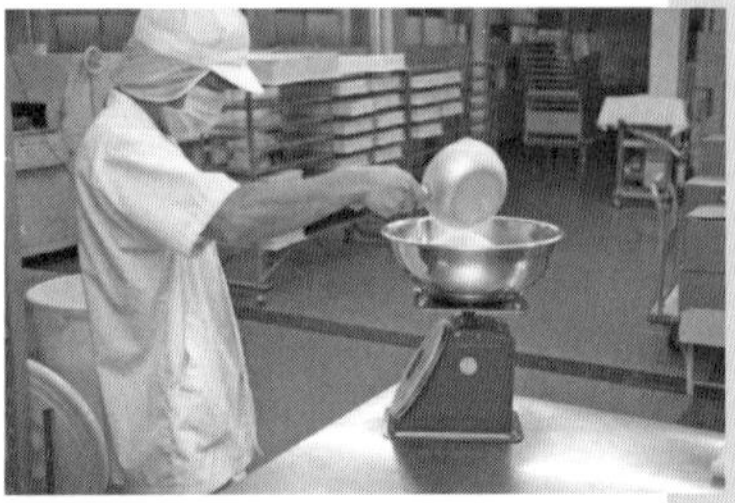

基本的にすべて一人でおこなう

くりぬいた皮を器にして、ゼリーなどを流しこむ。今日の注文は60個だ

聴覚障害で同じ学校の後輩、内出洋平さん（23歳、右）に仕事の指導をする

昼には仕事が終わる。内出さん（右）と手話で雑談

吉濱 昌彦さん　杜蔵

（神奈川県横浜市・杜の会）

福祉施設がつくった居酒屋の料理人

「杜蔵」の料理人、吉濱昌彦さん。「施設の仲間たちが育てた野菜や納豆、豆腐などを料理して、お客さんに「おいしかった」と言ってもらえるようにがんばりたい。将来は自分がリーダーとして後輩を育てたい」と話す

「料理の素材の半分以上が国産」の飲食店が掲げる緑提灯運動。全国1600店が賛同し、地場産食材の推進をはかっている

夕方5時、JR東海道線・大船駅近くのビル、1階店舗の緑提灯に明かりが灯る。居酒屋「杜蔵」の開店だ。「いらっしゃいませ」と吉濱昌彦さん(31歳)ら3人のスタッフが笑顔で客を迎える。

「杜蔵」は、知的障害者も夜間働ける機会を広げたいと、社会福祉法人杜の会が昨年5月に開店したもの。杜の会は「施設で生産する食のさまざまな商品を通して、福祉と地域を結び、障害者に対する理解を深め、その地域の中で障害者が就労し、安心して、あたりまえの生活を送ることができる社会環境を整えたい」と、これまでに「喫茶・杜」「杜のパン屋さん」「杜の台処」を開店し、運営してきた。いずれも地域に溶けこみ、好評である。

これらを支えるのが、施設の「食の生活館」と呼ばれる8つの工房だ。工房では、農耕班が無農薬有機栽培で大切に育てた野菜や、国産・地場産の食材を使って、納豆、豆腐、こんにゃく、うどん、ラーメン、餃子、パン、ケーキ、菓子、弁当などの豊富な食品を手づくりしている。

「杜蔵」は別の顔ももっている。昼間は別のメンバーたちが活躍する「杜の台処」として、うどん屋さんになるのだ。常連客も多く、ランチタイムは忙しさのピークとなる。吉濱さんも「杜の台処」のスタッフとして働いていた。料理づくりが好きで、以前中華料理店で働いた経験もあり、「杜蔵」開店と同時に「杜蔵の料理人」に抜擢された。

取材当日、師康晴理事長も友人とともに「杜蔵」の客として訪れた。吉濱さんの「いらっしゃいませ」のあいさつに迎えられ、「ここの食品は安全、安心。そしておいしいものばかりです」と胸を張った。筆者もご相伴にあずかったが、豆腐チーズ、揚げ出し豆腐、納豆オムレツ、……とてもおいしかった。

「ごちそうさまでした」

(2009年2月)

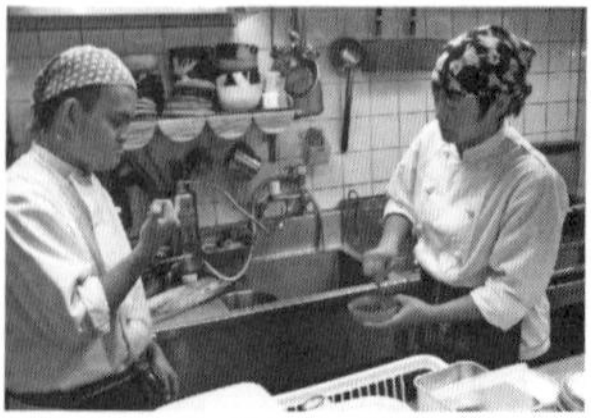

吉濱さんをフォローするのは、岡野泰治店長と田口ゆう子さん。田口さんのつくったタレを味見する

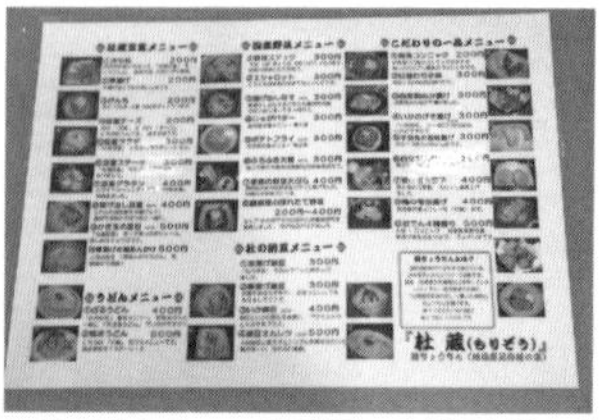

杜蔵の基本メニューは33種。吉濱さんはすべて料理できる

お客が入ると厨房は大忙しだ

手話落語家　豆腐屋一丁さん

（岡山県美咲町）

「手話のすばらしさをアピールしたい」

愛嬌たっぷりの笑顔と、手振り身振りが観衆の笑いを誘っている。手話落語家「豆腐屋一丁」さんの高座だ。手話のわからない人でも、ジェスチャーで話の内容がわかり、笑えるのだ。

豆腐屋一丁さん(本名・山本修、50歳)は、岡山県久米郡美咲町で家業の豆腐屋を継いだ3代目。3歳のときに病気で聴力を失った。県立岡山ろう学校で学び、卒業後、岡山市内の家具会社で働いていたが、28歳のときにお父さんが倒れたため、帰郷して家業を継いだ。豆腐つくりは、京都の豆腐店を訪ねたりして、独力で習得した。

手話落語も独学だ。全国行脚していた林家とんでん平師匠に出会って、手話落語に魅了され、始めた。豆腐つくりの合間に、鏡の前で、配達の車の中で、ネタつくりと練習に励み、1991年はじめて高座に上がった。「豆腐屋一丁」の名は師匠がつけてくれた。

一丁さんの手話落語はすべてオリジナルで、現在15ほどの演目をもっている。日々の生活のさまざまな場面からネタを探し、創作と練習に励んでいる。いまでは地元岡山ばかりでなく、全国の学校や催し物への出演依頼が舞い込み、東京や大阪の寄席にも出演するまでになった。

「多くの人に手話落語を見て笑ってもらい、手話のすばらしさをアピールしたい」と言う。今年6月には、手話落語の友人と組んで、大阪で漫才でもデビューする予定だ。

(1998年4月)

ふだんの姿は山本豆腐店の主人。ろう学校の後輩・知枝子さんと結婚して、1男1女の父。豆腐つくりは夫妻で。注文はFAXでくる(電話のときは、山本さんの母親が受ける)

II章 働く現場を見る

有田焼上絵付師　川尻 信二さん

（佐賀県有田町・深川製磁）

白磁に青、瑠璃、赤が映える

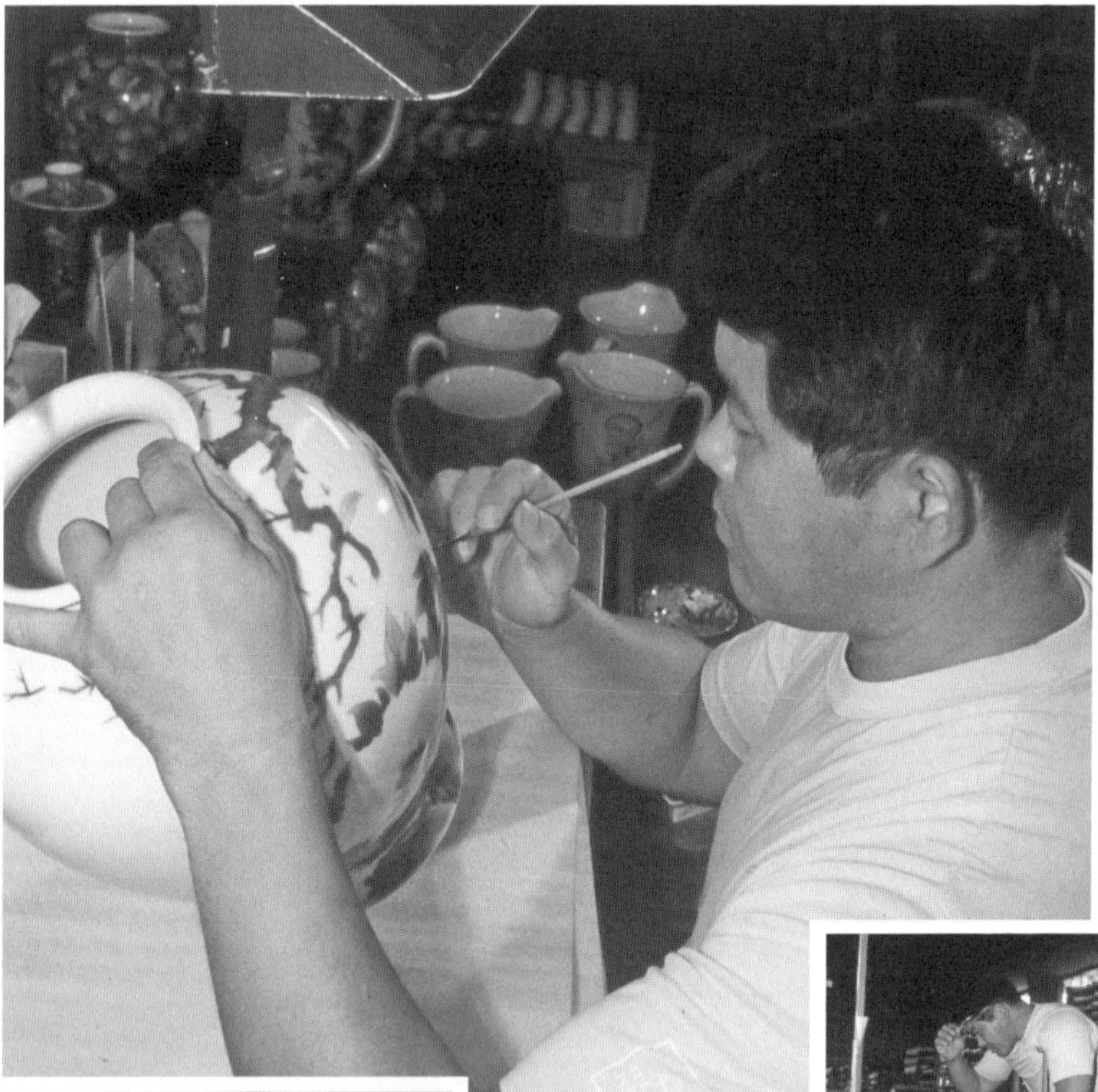

明治時代に建てられた深川製磁本社

焼き上がった製品をチェック。仕事の結果が気になる

日本を代表する磁器として有名な「有田焼」。1616年に、李参平が有田泉山で原料となる陶石を発見し、わが国で最初の磁器を焼いたことで始まった。

江戸時代、鍋島藩の統括のもとに生産された磁器は、隣接する伊万里港から積み出され、「伊万里焼」として世界に輸出された（それらは現在「古伊万里」と呼ばれている）。

こうした400年の伝統をもつ有田には、いまでも柿右衛門、今右衛門をはじめ数多くの窯元や工房が立ち並んでいる。深川製磁（株）もその中の一つで、1894年に深川忠次によって創業され、「気韻ある透白磁」を特徴としている。1910年に拝命した宮内庁御用達として、明治、大正、昭和、平成と、皇室、宮家に器を納めてきた。

和洋食器、花瓶、美術工芸品などの、輝く白磁に澄んだ青が映える染付、深みのある瑠璃色、あざやかな赤絵……、製品の気品と優雅さ、格調の高さに定評のある深川製磁の製品、これらの製品の上絵付は3人の職人さんが担当している。

その中の一人が川尻信二さんだ。西有田に生まれた川尻さんは、6歳のときポリオにかかった。その後遺症で下肢に障害が残り、松葉杖での生活となった。小学校6年のとき親元を離れ、佐賀市の養護学校へ転校、高等部を卒業するまで寮生活を送った。

高等部のとき、クラブ活動として陶芸に接する機会があった。土を練り、ろくろを回し、作品を焼き上げた。このとき川尻さんは、焼き物づくりはおもしろいと感じた。卒業したら地元に帰って、焼き物づくりの仕事に就きたいと考えた。それが深川製磁への入社のきっかけだった。

入社して30年目を迎える川尻さんは、染付を20年担当、その後上絵付を始めて10年目になるベテラン。伝統の技法を守り、さらなる挑戦に意欲を燃やしている。

（2004年11月）

川尻さんは両下肢が不自由、ふだんは松葉杖を使っているが、車いすマラソンにも出場する行動派だ。また、地元で開催される「佐賀セラミックロード車いすマラソン大会」の実行委員会事務局として、資金づくり、準備、運営に大活躍（写真は、週2～3回、自宅近くで練習に励む川尻さん）

上絵付の線描き作業。細かな絵に細い線を入れる。息をころして筆先を見つめる。「仕事は、やりがいがあっておもしろいが、責任が大きい」

担当した製品の一部。数十万もする高価なものが多い。以前、故小渕首相がローマ法王を訪問したとき、記念品として贈った花瓶も描いた

有田焼絵付師　安 民會さん

（佐賀県武雄市・葉山有樹窯）

赤絵に魅せられて
――ソウルからきた聴覚障害者

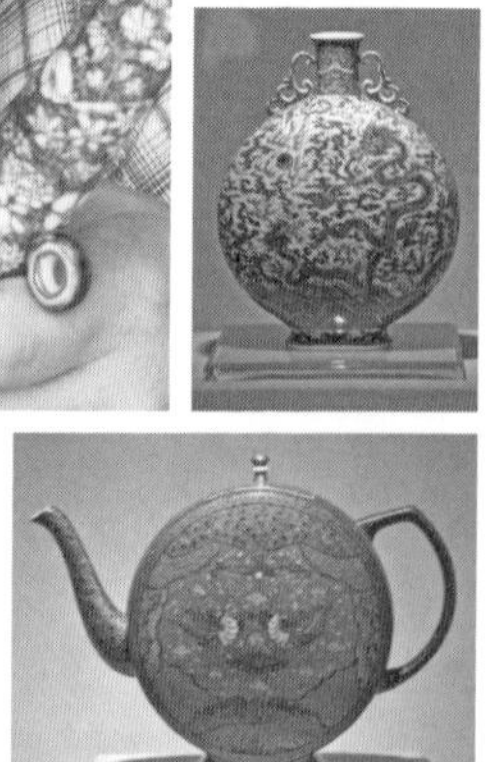

細密画法で、国内外で評価の高い葉山有樹窯の作品

15年ほど前、有田焼（磁器）の赤絵に魅せられた女子大生が韓国にいた。外国人であること、聴覚障害（2級）というハンディキャップを乗り越えて、現在有田焼の「陶磁器製造（絵付作業）1級技能士」として活躍する安民會《アンミンフェ》さんだ。

安さんはソウルで生まれ育ったが、9歳のころ耳の病気で聴力を失った。大学に進み絵画を学ぶ中で、有田焼の伝統文化である赤絵で描かれた皿やツボの美しさを知った。そして、その高い芸術性に驚き、赤絵を習得したいと思った。

磁器は400年以上前、朝鮮人の李参平が有田に伝えたので、赤絵の技術も朝鮮にあると思われがちだが、赤絵は有田の陶工が編み出した独得のもの。その技術や文化は有田でしか学べない。安さんは大学卒業後の1996年4月に来日。赤絵の技術を習得するには何年もかかることさえ知らず、赤絵の世界に飛びこんだのだ。

まず、佐賀県立有田窯業大学校に入学、短期研修生として1年間の研修を受けた。その後、「川原赤絵教室」（赤絵の第一人者で佐賀マイスター川原留雄氏主宰）と佐賀県陶磁器工業協同組合の後継者育成を目的とした赤絵講座に13年間通った。2008年には「陶磁器製造（絵付作業）1級技能士」の試験に合格。2009年10月葉山有樹窯に入社。パスポートの入国ビザも、文化ビザから就労ビザに変わった。

「赤絵の先生たちや関係者はもちろんのこと、日本語を基礎から教えてくれた小学校の先生、佐賀県日韓ろうあ者交流会、障害者職業センターなど、来日以来さまざまな人々の親切と応援があって、ここまでくることができました」と安さん。今後は葉山有樹窯で、社会人としての勉強、赤絵の技術を高めること、そして葉山有樹社長のように「見る人の心を揺さぶる作品」をつくるのが目標だという。

最後に安さんは「私の将来の夢は、外国人、聴覚障害の2つのハンディを越えて、日本の伝統文化の継承者の一人になれるよう日本に帰化し、赤絵一筋に生きていくことです」と決意を語ってくれた。

（2010年8月）

「安さんの作品をはじめて見たとき、この娘なら将来伸びるだろうと感じました。コミュニケーションがとれるか心配しましたが、サポートしてくれる人たちが周囲にいましたからよかったです。彼女は集中力があり、私たちも彼女から学ぶものがあると思います」と、安さんの指導にあたる葉山有樹さん

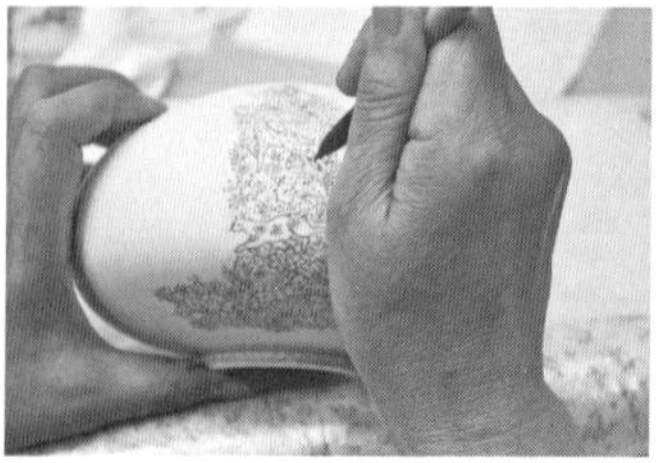

繊細な絵付作業

来日して1年間学んだ有田窯業大学校前で

「自分のほうから心を開いて、積極的にコミュニケーションをとるようにしなければいけない」と安さん。専門用語や漢字を学ぶのはもちろんだが、いま興味があるのは佐賀弁と敬語の使い方だと言う

ボディランゲージでも意思疎通はできるが、大切なことは筆談で確認しあう

生活面でさまざまな支援とアドバイスをつづける中島就労支援ワーカーとは大の仲よし

すっかり日本での生活にも慣れ、自宅近くのスーパーマーケットで買い物。いま、納豆にはまっている

津軽三味線　踊 正太郎さん

（東京都大田区）

自分と三味線の可能性に挑戦

「私の三味線で、少しでも元気づけられたら」と、公演の合間をぬって福祉施設などに訪問演奏に出かける（小豆島・土庄町。特別養護老人ホーム「あづき」で）

香川県小豆島。国指定重要有形民俗文化財「中山の舞台」で踊正太郎さん（32歳）の津軽三味線の演奏が始まった。ここは農村歌舞伎で有名なところ。舞台の照明は、ろうそくの明かりだけだ。「津軽じょんがら節」「津軽の四季」（オリジナル曲）が満席の会場に響きわたる。

踊正太郎さんは、生まれながらの全盲である。踊りを教えていた祖母の影響で、三味線の音を子守歌がわりに育った。3歳の誕生日に子ども用の三味線をプレゼントされ、音が鳴るのが楽しくて自然と三味線になじんでいった。

本格的に始めたのは6歳のときだ。茨城・水戸にある茨城県立盲学校の小学部に入学。盲学校は全寮制だったが、踊さんはどうしても三味線を学びつづけたいと、高等部を卒業するまでの12年間、石岡の自宅から水戸まで通学しつづけた。

高等部2年のとき津軽三味線全国大会に出場、6位に入賞するほどに成長し、「将来は三味線で……」との考えが強くなった。卒業すると青森県弘前市に転居し、津軽三味線の第一人者、山田千里師の内弟子になって研鑽を積んだ。

津軽弁がわからないなど、目の見えない踊さんにとっては大変なことばかりだった。しかし、師匠や兄弟子の音だけを頼りに学びつづけた。そして、20歳になった1997年から3年連続で、津軽三味線全国大会でチャンピオンに輝いた。

踊さんは現在、ライブコンサート、津軽三味線教室「正太郎の会」での指導、講演会のほか、教育、医療・福祉などの現場での訪問演奏を積極的におこなっている。

（2009年12月）

津軽三味線教室「正太郎の会」を主宰する。茨城・石岡、東京・品川、川崎市宮前の各教室で指導にあたる（品川教室で）

ろうそくの明かりの中、伝統の「中山の舞台」で演奏する

讃岐彫作家 林 巖石さん

（香川県三木町）

彫刻刀に魂をこめて

「山富」の工房で、新作「七華乃図」の制作に励む

「いま、制作にかかっているのは「七華乃図」。牡丹、椿、梅、百合、桔梗、薔薇、蘭の7つの花をテーマにしたものです」と、彫る手を休めて手話で説明するのは、讃岐彫作家として活躍する林巖石《がんせき》さん（本名・林正博、56歳）だ。

林さんは、富山県出身。3歳のころ聴力を失い、高岡ろう学校（小学部〜高等部）で学んだ。子どものころから絵画が好きで、高等部時代はデザインの勉強にも励んだ。卒業後、地元の印刷会社に就職したが、希望したデザインの仕事をさせてもらえず、2年ほどで退社、大阪に出て就職した。

出張で香川を訪れたとき、ろうあ者の一刀彫職人と出会った。この出会いが、林さんの人生の転機となった。「こういう仕事があるのか。自分もしてみたい」と、林さんはさっそく香川に移り、彫刻家の修業を始めた。

1年半ほどの一刀彫の修業の後、結婚し独立した。しかし、まだまだ満足する作品が制作できずにいた。そんなとき、高級家具や美術工芸品を扱う「漆器 山富」の下請として働く中で、戦前から讃岐彫の技術保存作家で、名人といわれた故斉藤銀銭氏に出会い、師事した。

先生からの、きびしい指導がつづいた。「絵を描け」「これはワシではない、カラスだ」。何度も手を入れられたが、聴覚に障害のある林さんは、先生の話を完全に理解するのが大変だった。「林、話が理解できなかったら、俺の仕事をよく見ろ」。林さんは師の仕事姿を見て学び、腕をみがいていった。手は、まめだらけだった。

現在、讃岐彫の第一人者として活躍する林さんの主な制作は、素材のクセや特徴を生かして彫り上げる衝立やテーブルなどの大物が多い。「銀銭先生の牡丹、梅はすばらしい。いま、なんとか、先生を追いかけていますが、いつか先生に追いつきたい」と、ふたたび彫刻刀を手にして仕事を始めた。

（2005年4月）

仕事以外の作品づくりにも長年挑戦。さまざまな美術展に出品、入選している（作品の並ぶ自宅で）

林さんの作品・天然衝立「雉子」

木彫工芸家 南 健治さん

（香川県まんのう町）

創作に夢中の毎日

「井波へ送りだすとき、心配でたまらなかった」父・吉文さんと母・桂子さん。南さんの一番の応援者だ

一心不乱。若き木彫工芸家が、彫刻刀で木面に立ち向かう。わずかにカリカリと、彫る音がする。静かだ。

ここは香川・まんのう町（こんぴらさんで有名な琴平町の隣町）にある木彫工芸家・南健治さん（33歳）の工房である。南さんは、生まれながら聴覚に障害があり、ほとんど聞くこと話すことができない。

南さんが香川県立聾学校高等部2年のとき、香川で井波彫刻の展覧会があった。南さんは、歴史ある井波彫刻にふれ感動した。「将来自分も、この木彫の世界で活動したい」と考え、卒業するとすぐ香川から富山県の井波に出向いた。そして、何人もの彫刻家たちのもとを訪ね、弟子入りを希望した。しかし、聴覚に障害があることを理由に、すべて断られてしまった。

木彫家への夢をあきらめきれない南さんは、木彫科のある地元（旧井波町）の社会福祉法人マーシ園に入所。当時同園の職業指導部長で1級井波木彫師の鎌仲清信さんに師事し、夢への一歩を踏みだしたのだ。

翌1996年4月、鎌仲さんらの勧めもあって井波木彫工芸高等職業訓練校に入学。マーシ園の寮から通学しながら、井波彫刻の基礎から本格的に学んだ。5年間通った訓練校を卒業後も、7年間にわたってマーシ園の木彫科で、鎌仲さんや倉賀野設彦さんの指導を受けた。欄間、衝立、獅子頭、パネル、天神様、置き物など、さまざまな彫刻物を、荒彫りから仕上げ彫りと、さらなる技術を学びつづけた。

2008年6月。13年におよぶ富山での修業を終えた。父母たちの待つ香川にもどり、念願の工房を開設。いまは創作に励む毎日だ。

（2010年3月）

工房を開設して2年、仕事に夢中になると食事を忘れることもある

井波での師匠、鎌仲清信さん(67歳)宅を訪問。鎌仲さんは1981年、東京で開催された第1回国際アビリンピック木彫部門に出場、銅メダルを受賞している。1994年には黄綬褒章を受章、1級井波彫刻師として活躍している。自宅の欄間も自身の作

南健治作「木蓮と雀」

筑前琵琶職人 毛利 英二さん

（福岡県春日市）

聴覚障害者が挑んだ楽器づくり

最新作（手前）

福岡県春日市の住宅地。ノミで木材を彫る音が響いている。毛利英二さんが昨年4月に開いた、筑前琵琶工房「毛利龍響堂」での琵琶づくりの音だ。毛利さんは7歳のころ、病気で聴力を失った。耳の不自由な人が楽器づくりに挑戦しているのだ。

毛利さんは、ろう学校の中学2年生から木工科を選び、高等部、さらに専攻科にすすんで木工工芸を学んだ。将来は、ろう学校で後輩たちを指導する、木工科の先生になる夢をもっていた。卒業後、福岡の家具会社に入社、手づくり家具の製作に従事しながら、聴覚障害者の社会的自立をめざした運動にも力を注いでいた。

毎日の通勤途中、小さな琵琶を骨董店で見かけた。毛利さんは、その形の美しさに木工職人としての血が騒いだ。「なんと美しい形なんだろう。いつか本物の琵琶をつくりたい」。そんなとき、ある新聞記事が目にとまった。筑前琵琶演奏家、中村旭園さんが「製作者が減って、琵琶が幻の楽器になってしまう。修理にも困っている」というのだ。

その後、家具会社をやめて市役所に入り、聴覚障害者の相談員、福岡県聴覚障害者協会事務局長などを務めながら、ひまを見つけては琵琶づくりを独学で学んでいった。演奏家の中村さんを何度も訪ね、琵琶の構造や特徴を学び、アドバイスを受けた。骨董の琵琶を購入して分解し、調べ、復元し、修理しながら自作も試みた。

しかし、耳が不自由な毛利さんにとって、音の調整は難しい。試行錯誤の末、琵琶を弾き、自分の胸や腹に伝わる振動を手がかりに、できばえを確かめる方法を会得したのだ。こうして念願の工房「毛利龍響堂」が開店した。

（2008年1月）

材料は、クワ、センダン、ケヤキなどの硬木。10年、20年と乾かした木材を、自宅に多く保管している

琵琶の形は曲線が勝負。カンナ30種類、ノミ20種類。自作した道具を使う

彫りながら厚さを確認する

岐阜提灯の絵摺り職人たち

（岐阜市・丸市木村商店）

4人の若者が美濃和紙に摺り込む優美な絵・模様

岐阜は日本有数の提灯の産地である。伝統工芸品「岐阜提灯」は、主に盆灯籠に使うため、盆提灯とも呼ばれている。岐阜提灯は全国に出荷されてきた。

昔から美濃地方では、すぐれた和紙がつくられてきた。薄くて丈夫な美濃和紙に、優美な絵や模様が描かれる。竹の繊細さとあいまって、やわらかな「明かり」が「やすらぎ」をもたらしてくれる。

織田信長、斎藤道三ゆかりの居城として有名な岐阜城は、金華山の頂にある。金華山と長良川にはさまれた一画に、商屋づくりの古い街並みが広がる。この街に和紙・提灯材料製造卸の合資会社丸市木村商店がある。

朝8時、岩田健太郎さんたち4人が元気に出社してくる。全員が自閉症、知的障害などのハンディキャップがある。「摺り込み」といわれる、薄紙に絵や模様を版画の要領で摺るのが仕事だ。提灯づくりは、「細骨」「張り」(細骨に薄紙を張る)「摺り込み」「盛り上げ」などに分業化されている。「摺り込み」は、木村宣治常務と4人の障害者だけの職場だ。

朝礼が始まる。「今日の作業。棟広、岩田班は「山茶花」を摺ってください。神田、川崎班は昨日のつづきを……」と木村常務から指示が出され、仕事に入っていく。

「15年ほど前、各務原養護学校から絵の好きな自閉症の子を、はじめて受け入れました。最初はとまどいましたが、定着して仕事ができるようになりました。でも、ペアの組合せで失敗し、反省もしました。障害のことがわかってきて、その特徴を生かして仕事をすすめてきました。以前は職人さんたちがいたのですが、高齢で退職された後、障害者を雇用して、そしていまは障害者だけになったのです」と話す木村常務。

そして「なぜ、障害者を……」という質問に、「雇う側から見ても、みんな裏表がなく、私の信頼にこたえて、いい仕事をしてくれるからです」とほほえんだ。

(2009年8月)

入社して5年目の棟広信行さんと1年目の川崎友也さん(21歳)

前日の作業台の汚れを落とす川崎さん

絵摺り職人になって9年目の神田高広さん(31歳)。研修生が来ると、いっそう張り切るムードメーカーだ

この日、棟広さんから「摺ってみる?」と言われ、はじめて摺りに挑戦した岩田健太郎さん(18歳)。「摺り上がりはまずまず」の合格点をもらった

神楽衣装・面制作集団

（島根県浜田市・いわみ福祉会）

石見神楽の伝統の技を守る

スサノオノミコトがヤマタノオロチを退治する「大蛇」は、石見神楽の代表的演目。桑の木園芸能クラブでもいちばん力が入る作品だ

「石見神楽」は、島根県西部の石見地方で、昔から演じられてきた郷土芸能。石見地区だけで神楽社中が80もあるほど、大変さかんな土地柄である。

「このへんの者は子どものころから、神楽の八調子の噺子が聞こえてくると、身体がうずきます。しだいに神楽にのめりこみ、「のぼせもん」になるんです」と自嘲ぎみに話す関係者たち。だが、この伝統ある神楽を継承し、支える「演じ方」は多いが、衣装・面・蛇胴などをつくる職人たちが高齢化し、継承する人たちが少なくなっていくことを不安視していた。

地域にある知的障害者更生施設「桑の木園」が面・蛇胴づくりを始めたのは、こうした状況の中の1979年ごろだった。少しでも地域に貢献でき、園生たちが自立できればと考えてのことだった。

つくられた面や蛇胴の評価も高く、順調に制作がすすんでいたころ、さらに神楽衣装職人から「ノウハウを教えるから、神楽衣装制作の継承をしてほしい」との申し出があった。この職人さんはボランティアで1年間、園の職員と園生たちに衣装づくりを教えた。現在では桑の木園の姉妹施設である知的障害者通所授産施設「くわの木&あゆみ金城分場」の授産事業へと移行、障害者の働く場として確立され、地域の伝統を守りつづけている。こうした環境の中で、桑の木園の園生からも、余暇の時間になると毛布や着物などを衣装がわりに、神楽のまねをして楽しむ「のぼせもん」が多く誕生していった。

そして1985年、園生と職員を中心とした「桑の木園芸能クラブ」を結成、週1回、地域の神楽社中の指導を受け、練習に励んできた。

現在、クラブは、地域で働く卒園生、自立した生活をおくるメンバーを含めて約30名が、「神楽ののぼせもん」として活躍している。

（2004年10月）

ダイナミックに踊る塩本武夫さんが扮する赤大蛇

週1回の練習は、仕事が終わった夜7時から始まる。公演が近くなると10時ごろまで、練習に熱がはいる

面工房で働く一木浩美さん(中)は、クラブのリーダーとして指導にあたる

石州和紙を張り、丈夫で弾力ある面に

「肉持ち」と呼ばれる立体的に縫い上げる技術も修得して、より豪華な作品が仕上げられる

一針一針ていねいに縫い上げる

絵付して完成

面づくりでも推進役の一木さん

和太鼓集団　瑞宝太鼓

（長崎県雲仙市・南高愛隣会）

東日本大震災、鎮魂と復興を祈って

宮城県南三陸町の防災庁舎前で黙とうする

宮城県南三陸町の避難所前で

「このたび、東日本大震災で被災されたみなさんに、深くお見舞い申し上げます。ぼくたちにできることは、和太鼓をたたいて、一人でも多くの人に聞いてもらうことです。そして、1日でも早い元気なまちへの復興を願い、亡くなられた方のご冥福と鎮魂の思いをこめ、演奏します」（高倉照一副団長）

勤労障がい者長崎打楽団「瑞宝太鼓」が、東日本大震災の被災地を訪れ、石巻市や南三陸町など各地で慰問公演をおこなった。メンバーは全員、知的障害者だ。

瑞宝太鼓は1987年9月、第三セクター職業訓練法人 長崎能力開発センターの和太鼓クラブとして発足。1992年のスペイン・マドリードパラリンピック開会式、1997年にはニューヨークの国連本部で演奏するなど、注目を集めた。2001年にプロになり、長崎市民会館で旗揚げコンサートを開催、2007年には就労継続支援A型事業所となった。そして今年、プロ10周年を迎えた。

これまで毎年、東北公演ツアーをおこなってきたが、10回目にあたる今年は、未曽有の大災害が東北を襲った。そこで、メンバーと関係者は、いままでお世話になってきた東北の人たちに少しでも恩返ししようと考え、5月25日から6月10日まで20日間におよぶ慰問と感謝の旅に出発したのだった。（2011年8月）

「ぼくもたたきたい」高倉照一副団長に抱かれて太鼓に挑戦

石巻市の河北総合センタービッグバンに避難している人たちの前で演奏

辻浩一郎さん

中村慶彦さん

高倉副団長

10周年記念コンサート（長崎市民会館）

岩本友広団長と山下弾さん（右）

川崎拓也さん

「無事でよかった」「元気が出たよ」
知人たちとの再会を喜ぶ

Column コラム

障害者就労支援の流れをカメラで見てきた小山さん

阪本 文雄

小山さんの活躍の場は、障害者雇用啓発誌『働く広場』。独立行政法人高齢・障害・求職者雇用支援機構が発行している月刊誌で、6万部が全国の企業、学校、ハローワークや福祉・就労支援の施設で読まれている。

小山さんは、地方で働く障害者に力を入れて取り上げてきた。私が同行しただけでも、北海道、新潟、福島、岩手、静岡、福井、大阪、岡山、広島、沖縄など。毎月旅に出て、北の大地で草花栽培する若者、沖縄の喫茶店のウエイトレス、ベーカリーのパンづくり、福井の焼き鳥の素材づくり、クリーニング工場、さらにホテルの食器洗い、商品配送センター、老人介護施設、ホウレンソウ栽培など、農業、食品、ホテル、サービス業、福祉・介護など幅広い職域で働く障害者にカメラを向けてきた。

東日本大震災の被災地で、鉄鋼工場の復興に汗を流した障害者、働く場の再開に奔走した施設長、がんばるみんなの姿にシャッターを切った。

1枚の写真が多くの障害者を励まし、就労の促進へ雇用主や行政を動かし前進へ力になった。「カメラマンの小山です」。私にかかってくる携帯電話の第1声は、いつもこう。人に会ってあいさつするときも、講演の出だしも同じ。カメラマンであることにこだわり、誇りをもっている。雑誌『世界』で公害、貧困、戦争などを追う社会派カメラマンを輩出している岩波の出身。日本写真家協会会員で、働く障害者を撮りつづけて38年になる。毎月30人ぐらいの働く姿が登場するから、年間300から400人。単純計算すれば「1万人は超えているかなあ」とつぶやく。

信州生まれの粘りと頑固さ、一徹さをもつ。気のいいとっつぁん、上機嫌だと自分で言うが、写真を撮るポリシーをもち、それに触れるとビビッと来て譲らない。この道一筋のプロフェッショナルは骨がある。

『働く広場』は1977年、創刊した。最初は年2回発行だったが、隔月発行になり、小山さんは1978年からカメラマンとして関わり、デビューはあの日本短波放送ディレクター大野智也さん(岩波新書『障害者は、いま』著者)と福島県の漬物屋さんを訪ねる職場ルポだった。知的障害の若者がたくあんなどを製造し、包装するいきいきとした表情が誌面にある。大野さんは障害者問題に取り組み、マスコミで語る先駆けの人。30代の小山さんはおおいに触発された出会いだった。

出版社にいた経験とセンスを買われ、1、2年して企画会議に出るように言われ、『働く広場』の編集に深く関わっていく。日本の障害者福祉は国際障害者年(1981年)を機に、施設を出て地域で暮らすノーマライゼーションが進み、行政もそれに対応して自立支援法、総合支援法へと展開。日本の障害者就労支援の大きな流れを、カメラを通して見、写真に残してきたのが小山カメラマンです。

(さかもと・ふみお　山陽新聞社会事業団専務理事)

Ⅱ章
働く現場を見る

山元 梨紗さん ジェイアール東海ツアーズ

（東京都中央区）

あこがれの制服を着て東京駅で働く

山元さんが勤務するJR東海ツアーズ東京支店。東京駅八重洲中央口にあり、1日中多くのお客さんが訪れる

山元梨紗さんは、特別支援学校に通うころから、OLの制服姿にあこがれていた。「私も学校を卒業したら、すてきな制服のある会社で働きたい」とずっと思いつづけていた。念願がかなって、卒業後、4月からあこがれの制服を着て東京駅で働いている。

山元さんの勤務先は、㈱ジェイアール東海ツアーズ東京支店、東京駅構内八重洲中央口にある。東京・府中市の実家から出勤して、朝礼が終了すると、前日、申しこみのあった旅行切符の伝票から顧客カルテをつくるため、パソコンに向かう。午後は、各種クレジットカードの購入伝票の仕分け・整理と毎日忙しく働いている。

山元さんの「夢の実現」までには、東京都立府中朝日特別支援学校の進路指導の先生や前向きに受入れ準備にあたった職場の関係者の努力と協力があった。「一人でも多く」と教え子の知的障害者の就職探しに奔走していた深井敏行先生たちが、東京都の障害者を対象とした面接会でジェイアール東海のブースを訪れたことが「夢の実現」への第一歩だった。

つぎに、先生たちは、職場の見学を申し入れ、どんな仕事だったらできるか、職場の関係者と何度も協議を重ね、実習にこぎつけた。2度にわたる3週間ずつの実習を経て、山元さんの入社が内定した。また、パソコンの基本を習得してほしいとの会社の要請もあり、山元さんは、卒業までの4カ月、始業前の1時間、深井先生の指導でパソコンを学んで入社に備えた。こうした努力が実って、夢のOL生活がスタートした。

（2003年5月）

胸ポケットにはボールペンなど、OLの必需品がぎっしり

窓口で扱ったクレジットカードの伝票を、会社別に整理する

顧客カルテづくり。さまざまなデータを打ちこむ重要な仕事だ

駅弁屋 祭 日本レストランエンタプライズ

（東京都中央区）

日本一いそがしい東京駅・駅弁売り場

日本の鉄道の顔というべき東京駅の構内にある「駅弁屋 祭」で2人の障害者が活躍している。駅弁販売レジでは、伴野巧さん(20歳)が、乗車時間が迫っている多くのお客さんを相手に、あわてることなくつぎつぎに処理している

（2014年5月）

混雑する店内。お客さんに迷惑にならぬよう気をつけて商品を運び補充する田中晃太郎さん(20歳)

全国の有名駅弁が売り出され、東京駅で大人気の「駅弁屋 祭」

ゆうせいチャレンジドの仲間たち
日本橋郵便局
（東京都中央区）

郵便発祥の地で働く

東京・日本橋郵便局。日本の郵便発祥(１８７１年)の地である。この由緒ある郵便局の一角で、「ゆうせいチャレンジド株式会社」の社員たちの朝礼がおこなわれている。この日の当番社員のリードで「ゆうせいチャレンジドの社員として、毎日明るく元気に働きます。社員として定められたルールを守ります」と社員としての心がまえを唱和する。指導コーチから仕事の指示、注意事項などの話があり、チャレンジドたちの1日の仕事が始まった。

「ゆうせいチャレンジド」は、郵政民営化で生まれた日本郵政株式会社が、郵便事業㈱および郵便局㈱などにおける障害者雇用の推進をはかるために、２００７年11月に設立した特例子会社だ。

郵政公社時代の２００５年10月、東京多摩郵便局で知的障害者3名から始まったチャレンジド雇用は、つぎの年から全国へ拡大し、いまでは、全国52局所２７５名がチャレンジドとして活躍している。このほか、身体障害者も約１００名働いている。このように、全国各地の郵便局などが障害者雇用の場として広がることを願いながら取材を終えた。(２００８年3月)

局内をていねいに清掃するチャレンジドたち

ランチタイムが終わった社員食堂を手早く清掃

日本郵便 東京支社

（東京都港区）

重度知的障害者が活躍する 郵便局ありがとうセンター

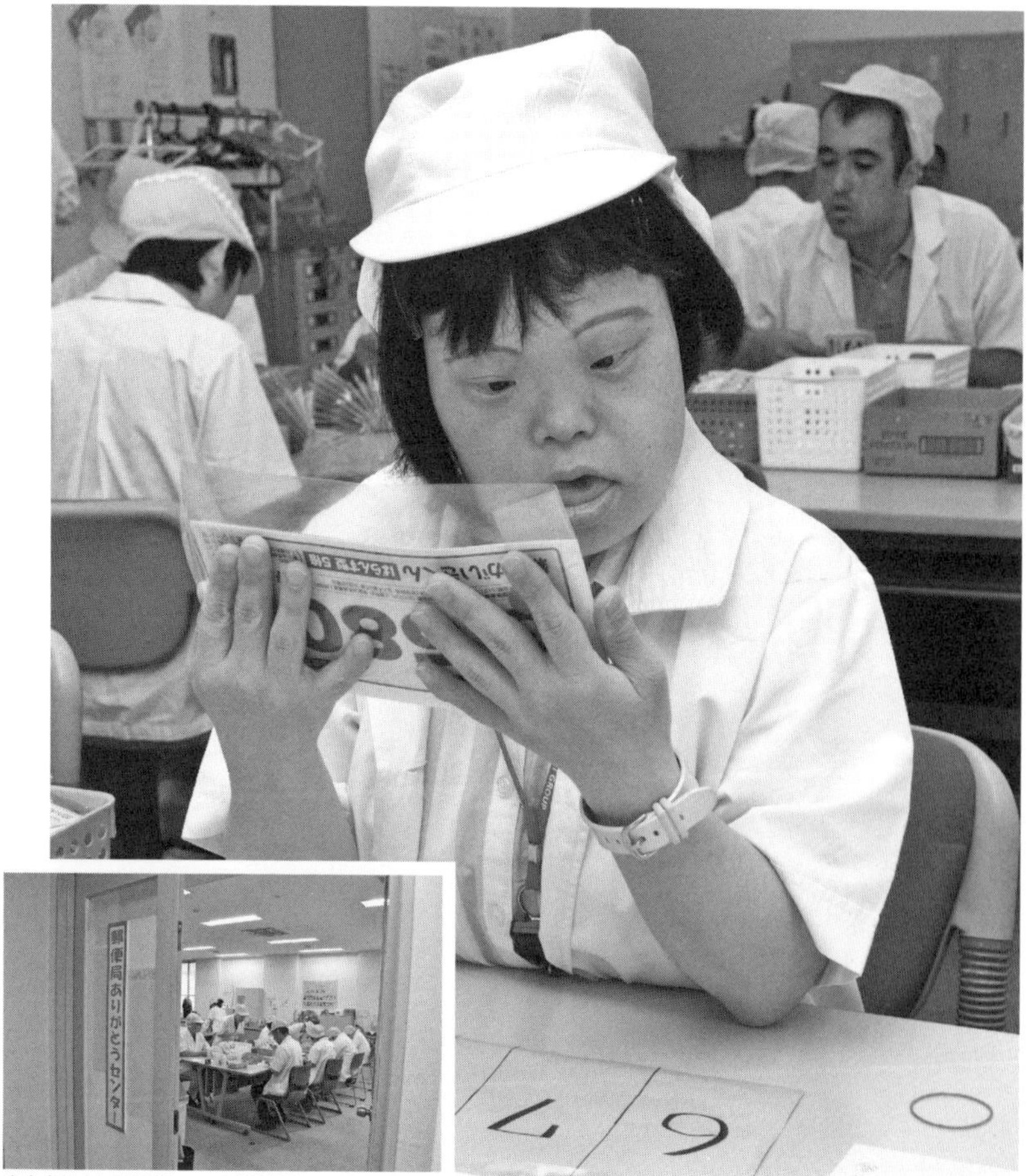

東京支社内に設置されている「郵便局ありがとうセンター」

「おはようございます。今日の朝礼を始めます。○○さん体調はどうですか。△△さんは……」。日本郵便㈱東京支社内の「郵便局ありがとうセンター」の1日が始まった。朝礼では、ここで働く20人のチャレンジド一人一人の体調チェック、1日の仕事の分担と注意、あいさつの唱和、ラジオ体操とつづく。そして、ユニホームに着替えて作業に入る。

このセンターでの障害者雇用は、2011年6月、東京支社が独自にはじめたものだ。東京支社では、地域の行政や支援機関と相談しながら、郵便局での障害者雇用のあり方を模索していた。重度の知的障害者であっても、できる仕事があることに気づき、地域の郵便局が、それぞれの地域の障害者を雇用すれば、地域貢献になると、地元の重度知的障害者の採用を推進した。

現在20人の障害者が、郵便局で販促用に配られる「キャンディやラムネ入りのチラシ」などの袋詰め作業に励んでいる。指導するシニアコーチは「重度障害者だからできないのではなく、あれもできる、これもできるに、変わってくるんです。初めは体調や気分の波が激しいですが、一人一人が目標や課題をもって仕事に取り組むことで、なだらかになってきます」と話す。東京支社でのこの試みが、全国の郵便局の参考となり、拡がってほしいものだ。（2013年11月）

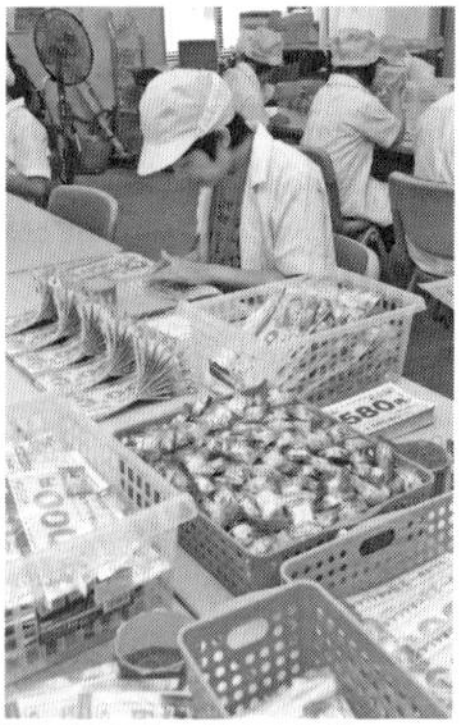

販促用チラシの袋詰め作業

袋詰め作業終了の品々

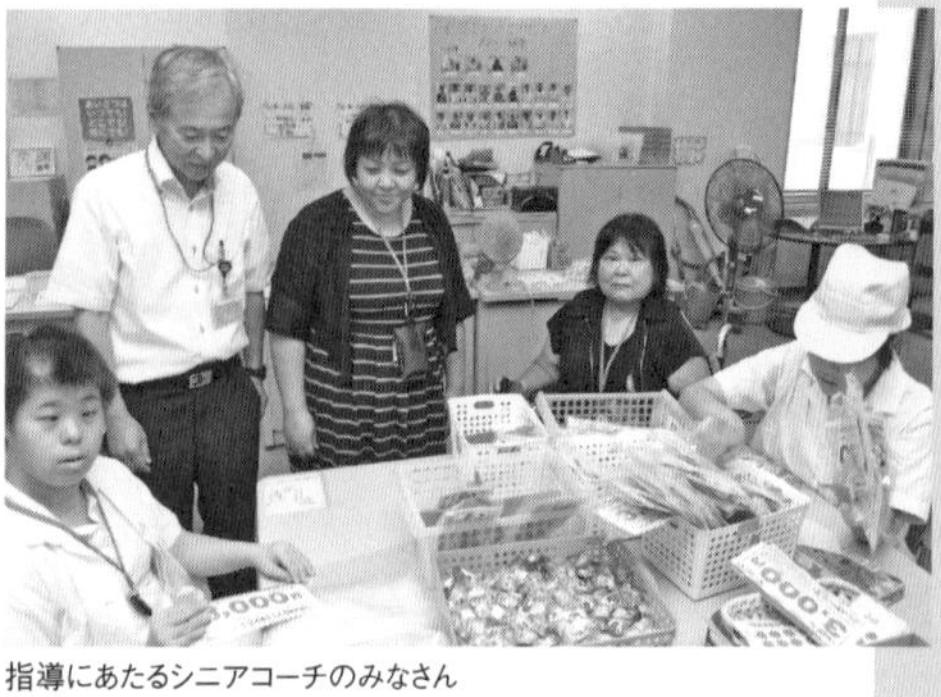

指導にあたるシニアコーチのみなさん

デルタ航空

（東京都・成田空港など）

アメリカの航空会社ですすむ障害者雇用

備品の整理（成田空港の事務所）

『働く広場』2011年2月号のグラビアで、千葉障害者就業支援キャリアセンターで訓練を受けて就職した知的障害者たちが集まったバーベキュー大会を紹介した。この取材中にさまざまな話を聞いた。

「この人たち、カッコいいんだぜ。外国の航空会社で働いていて、給料もいいんだって」

「どこの航空会社？」

「デルタ航空というアメリカの会社です。私は東京のオフィス。古川さんたちは成田空港で働いています」

こんな山本紘未さんたちとの出会いから、今回の取材は始まった。

デルタ航空はアメリカ・アトランタに本拠を置き、旅客運送数、旅客キロ数で世界第2位の大手航空会社。1947年に日本に乗り入れを開始している（当時はノースウエスト航空）。デルタ航空（日本地区）は、東京・神谷町のオフィス、成田空港、千葉県富里市の機内食部などで多くの障害者を雇用している。

事務補助、空港内でのカウンター清掃、備品補充、機内食のセッティング、航空機内への積みこみ品（飲料、氷、免税品など）の準備など、さまざまな職場に障害者を配置している。障害者雇用率は2・02％。外国航空会社の障害者雇用の取り組みを紹介する。

（2011年5月）

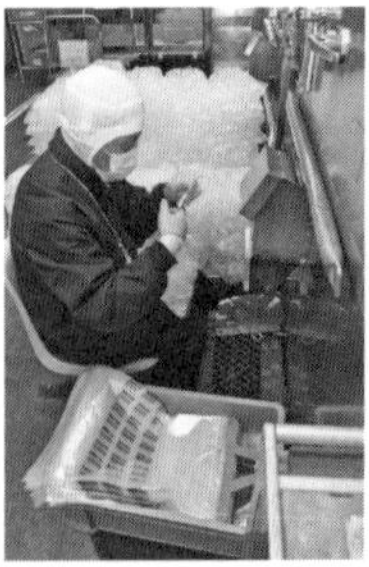

機内にもちこむ氷を詰めて、アイスバッグをつくる小川晶裕さん（27歳、左）と大竹秀樹さん（30歳）。小川さんは入社して11年になるベテランだ

成田国際空港。チェックインカウンターなどで使う荷物タグや用品の補充作業をする小原泰英さん（23歳）

チェックインカウンター周辺を清掃作業中の古川牧夫さん（29歳）

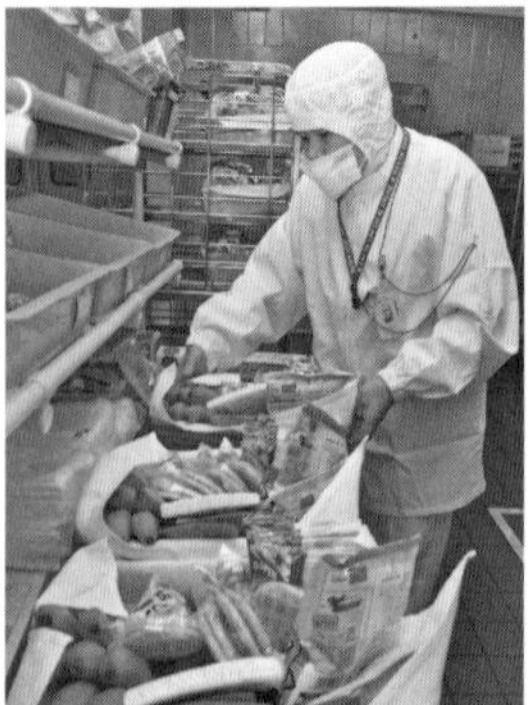

マニュアルを見て、きれいに、ていねいにビジネスクラス用「スカイブレイクバスケット」の準備作業をする江島千恵さん。機内食工場に入社して８年目になる

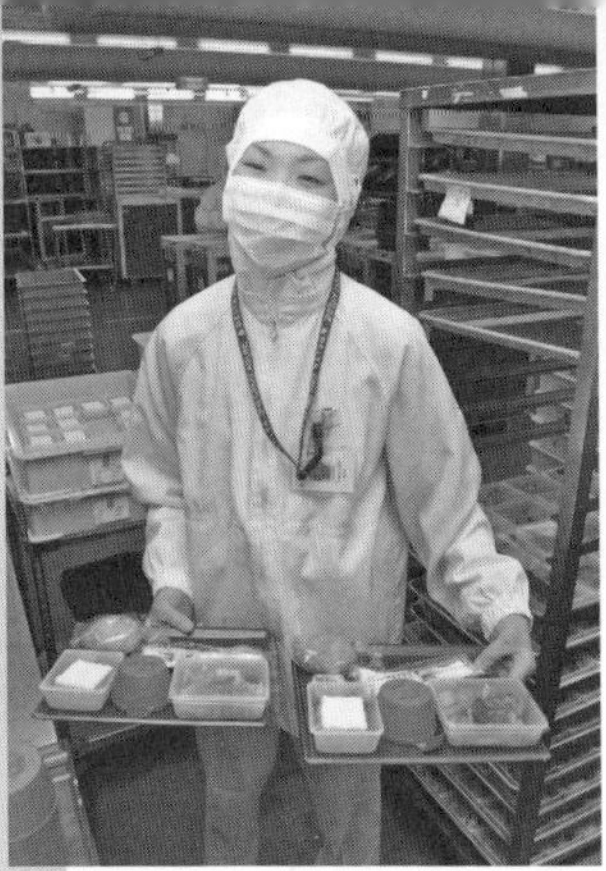

飛行機の乗客にとって楽しみな機内食。機内食工場では、行き先や出発時間によってさまざまな機内食をつくる。指示票によりセッティングする(写真は、高橋美幸さんと香港便の機内食)

2010年7月に入社した飯塚美代子さんが担当するのは、ソウル便の機内食

機内へ積みこむ飲料品を担当する島村健大さん(25歳)

イヤホン、アメニティ用品などの準備をする田中栄二さん(38歳)

外国企業らしく個人スペースは広い。デスクでパソコンを操作する山本さん

千葉障害者就業支援キャリアセンターで訓練を受け、デルタ航空に入社して３年目の山本紘未さん。書類のファイリング、入力作業、郵便物の仕分けなど、事務補助職員として東京・神谷町オフィスで働く

フェデックス

（東京都江東区）

国際航空貨物会社で働く

東京・江東区にある国際航空貨物の集配センター「フェデックス新砂営業所」。夕方6時になると、集荷した航空貨物を積んだ専用トラックがいっせいにもどってくる。営業所の担当窓口は、税関への申告書類や発送書類などをつぎつぎに処理していく。集荷した荷物は、その夜の11時までに、成田や羽田の空港から世界各地へ発送されていくのだ。

このフェデックス新砂営業所でも障害者たちが活躍している。国際航空貨物運輸業では、車両の運転をともなう集配業務が大部分をしめるため、障害者を雇用しても職種が限定されると考えられ、障害者雇用はすすまなかった。

しかし、フェデックスでは、障害者の法定雇用率を満たすことは企業に課せられた義務であり、障害者の働く場を提供することで果たせる社会貢献と、社内における多様性の推進が必要だと考えた。そこで千葉障害者就業支援キャリアセンター、千葉障害者職業センターの協力を得て、本格的に障害者雇用に取り組み始めた。

現在19人の障害者(知的障害3人、精神障害3人、内部障害3人、肢体不自由8人、聴覚障害2人)が、千葉市の本社、営業所(成田、新砂)で働いている。(2012年4月)

トラック運転手が使う備品、書類などの準備、受渡しをするチェックインカウンターで、事務補助作業をする杉村拓弥さん(20歳・左)と望月泰志さん(21歳)

輸入通関部では森正明さん(聴覚障害)が書類の整理をしている

顧客あての梱包材料の仕分け作業。伝票を見て注文数だけ準備する

税関への申告書類をスキャンする阿部勇介さん(25歳)

仕事手順を自分なりに書き入れた阿部さんのメモ

車両の洗車

Ⅱ章 働く現場を見る

新井 淑則さん　長瀞中学校教諭

（埼玉県長瀞町）

失明の絶望から天職への復帰

新井先生が乗車する皆野駅で、毎朝声をかけエスコートする青木優太くん

授業をすすめる新井先生。教壇の机の下で待機する盲導犬マーリン

校内では、生徒、教職員全員が新井先生とすれ違うときは声を出してあいさつをする

朝7時半。秩父鉄道皆野駅から、盲導犬マーリンといっしょに勤務先の長瀞中学校に向かう新井淑則教諭(46歳)。改札口で「先生、マーリン、おはよう」と声をかけてきたのは、同じ皆野駅から長瀞中学校へ通学する1年A組の青木優太くんだ。新井先生の教え子でもある青木くんは、毎朝マーリンとともに先生をエスコートして、電車に乗りこむ。

新井さんは「教職は天職である」と、大学卒業と同時に希望していた中学校教師になった。学校では授業のほか、クラブ活動の顧問としても生徒たちといっしょに汗を流していた。

教師になって4年目の1988年のことだった。突然、右目が網膜剥離に、やがて左目も発症した。12回におよぶ手術をくりかえしたが、結局1995年に全盲となった。学校は休職し、外に一歩も出ない生活。部屋に引きこもり「目が見えないのに何ができるんだ」と自暴自棄になり、自殺を考えたこともあったという。

こうした新井さんの姿に、同じ中学教師で妻の真弓さんは、社会のさまざまな分野で活躍する視覚障害者に関する情報を集め、ときにはそんな視覚障害者に会わせたり、落ちこむ夫を励ましつづけた。新井さんも「もしかしたら、もう一度教壇に立てるかもしれない」と、点字を覚え、歩行訓練などを始めた。

そして1999年に県立秩父養護学校に復職、2004年には県立盲学校(川越市)で教えることができるようになった。しかし、新井さんの胸の中では「天職と思ってきた普通中学校での教師。こんどは視覚障害者の教師として、自分の生きざまを生徒たちにぶつけてみたい」との思いが日増しに強くなっていった。

そんな思いの実現に向けては、家族、障害のある教師を支える市民団体「ノーマライゼーション・教育ネットワーク」、長瀞町長、そして地域の人たちの力強い応援があった。

2008年4月、新井さんはついに長瀞町立長瀞中学校の国語教師として、念願だった普通中学校の教壇に、じつに15年ぶりにふたたび立つことができたのだった。

（2008年12月）

点訳された教科書を使って国語の授業をする。生徒の顔、表情が見えないので、生徒に名前と自己紹介をレコーダーに吹きこんでもらい、何度も聴いて覚えた。また生徒の机の裏に、点字テープの名前を貼りつけてもある

校内もマーリンといっしょに移動。授業中もいっしょだ

三戸　学さん　秋田西中学校教諭

（秋田市）

めざすは、車いすの金八先生

2階、3階の教室で授業をするときは、同僚や生徒たちの肩を借りて、階段を上り下りする

「先生、少しは強くなったよ」と生徒の挑戦を受ける

三戸教諭の名刺には「めざす教師像は“障害者版金八先生”、好きな言葉はやればできる」と書きこまれている

車いすに乗った三戸学《さんのへまなぶ》教諭(28歳)が教室に入ってきた。

「さあ、授業始めるよ」

当番の生徒が「全員、起立」と声をかける。

「おはようございます。今日もよろしくお願いします」のあいさつから、1年4組の三戸先生による数学の授業が始まった。

車いすからキャスター付のいすに座り直し、黒板に向かって問題を書き、生徒たちに話しかける。ときどき立ち上がり、ゆっくり歩き回って、生徒たちのノートを見て指導にあたる。そして、ふたたびキャスター付のいすにもどり、授業をすすめる。

三戸学さんは1976年、秋田市で生まれた。生まれたときに脳性マヒになり、その後遺症で手足と言語に障害がある。歩行は不自由ながら可能だ。高校まで、地元で学び育った。

幼いころから、不自由な体の三戸さんに親身に対応してくれた多くの教師の姿を見て、教師の仕事に親近感と興味をもち、「将来は教師になろう」と決意した。山形大学教育学部(中学部教育課程)へ進学して、教師をめざした。

「大学時代の一人での生活、いろいろ人と交流し、できないことはさまざまな人に手助けしてもらい、人間としてたくましくなった」と振り返る。当時競争率が、30倍と高かった教員採用試験だが、卒業後3年目に念願がかなった。

2001年4月、秋田市立土崎中学校で教師としてはじめて教壇に立った。ここで3年間勤務し、2004年4月、自分の母校でもある秋田市立秋田西中学校へ転任、今年で2年目になる。

(2005年12月)

朝、学区内の自宅から電動車いすで通勤する

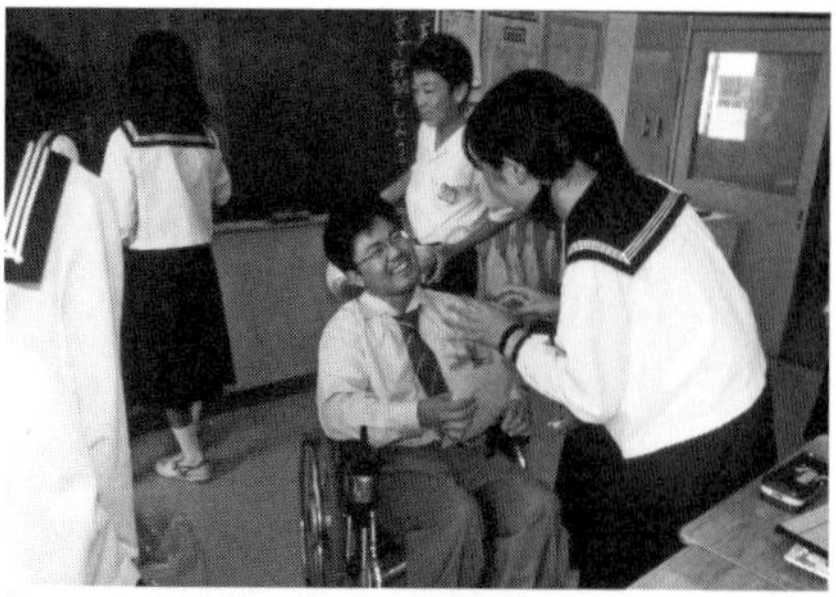

「ねえ、先生、先生、聞いて」授業が終わっても、生徒たちとのおしゃべりにつきあう

西脇 正和さん 香住小学校教諭

（兵庫県香美町）

パラリンピック出場をめざして「夢に挑む」

3人の息子さんがいつも、自転車の組立て、分解、搬送を手伝ってくれる

車いすで教室内を回り、生徒たちを指導する

6年2組の算数の授業。黒板のかわりにパソコンを活用して、授業をすすめる

車いすで授業を受ける生徒もいる。学校内は比較的バリアフリー化されている

「先生、おはようございます」
「昨日の日曜日も、自転車の練習したの?」と、車いすの教師に話しかける生徒たち。

ここは、松葉ガニをはじめ日本海の「海の幸」の水揚げで有名な兵庫県香美町の香住小学校。話題の中心にいるのは、この学校で算数と理科を教えている西脇正和教諭だ。

西脇さんは8年ほど前、体の不調から、しだいに下半身と左腕が自由に動かすことができなくなり、杖での歩行を余儀なくされた。病気の原因は不明のまま。そして西脇さんは、車いすで教壇にもどることになる。

「自由に動けなくなりましたから、おもしろくはありませんでしたが、学校や家族の応援もあって、精神的に落ちこむことはなかった」と言う。

ちょうどそのころ、二〇〇〇年のシドニーパラリンピックで、障害者たちがスポーツで競いあう感動の光景を目の当たりにし、刺激を受けた。学生時代からバレーボール、水泳などのスポーツが好きで活躍していた西脇さん。「自分も、もう一度スポーツに挑戦してみよう。そして、いつかパラリンピックに出場を果たしたい」との夢が芽生えた。

夢の実現に向けて、最初は水泳を選んだ。練習を重ね、２００５年の日本障害者水泳選手権大会に出場、平泳ぎの2部門で優勝した。しかし、記録的には世界の壁は厚かった。若手が多い水泳より、パワーで乗り切る自転車のほうへ夢の実現をかけた。そして２００６年春、西脇さんは自転車競技に転向した。

連日、20キロの走行練習と、体力強化のための温水プールでの1時間の水泳をこなしている。西脇さんは「ハンディキャップがあっても、夢をもち夢に挑む姿を子どもに伝えたい」と、パラリンピックに向かって、今日も全力疾走している。

（２００７年5月）

今村 俊介さん　吉備国際大学講師

（岡山県高梁市）

人生を決めたパソコン
——中途失聴・絶望からの脱出

研究室からは高梁市街が一望できる

「ここに入校して、コンピュータを学ぶことで再出発しました。そして、いまの私があります」と話すのは、17年前に訓練を受けた国立吉備高原職業リハビリテーションセンターを久しぶりに訪ねた今村俊介さん(47歳)。現在、吉備国際大学で教鞭をとる。今村さんは突発性難聴で、両耳ともほとんど聞こえない。

1963年三重県鈴鹿市で生まれ、育った。大学院を修了して三重県に帰郷。名古屋の図書販売会社に就職して働いていた。働きはじめて2年半ほどたったころ、耳鳴りがはげしくなった。聴力が極端に落ちはじめ、ついに聴力を失った。会社もやめ、ハローワークと教会(今村さんはクリスチャン)に出かける以外は、家に引きこもってしまった。仕事を探して何度か面接も受けたが、就職は難しい。引きこもりがつづく。

絶望の淵にいた今村さんは、月1回訪れるハローワークで、障害者向けの訓練校があることを知った。国立吉備高原職業リハビリテーションセンターを紹介され、勉強しなおそうと決心した。オフィス系で経理事務を学ぶつもりで入所したが、担当職員から「今村さんはコンピュータに向いているよ」とアドバイスを受けた。今村さんもコンピュータに興味があり、情報系で本格的に学んだ。

1年間の訓練を修了して三重にもどったが、専門学校でコンピュータを教えながら自らもまた学びつづけた。そんな生活が5年もたったころ、大学の恩師から「大学の先生にならないか」と大学教員への推薦を受けた。そして2000年4月、吉備国際大学の教壇に立つ。今村さんは現在、学生たちにコンピュータを教えている。　(2010年10月)

中国や韓国などアジア各国からの留学生も多い

学生や教職員とはパソコンや携帯電話のメールで連絡を取りあう

訓練を受けていた当時、指導してくれた遠藤嘉樹さん(現、職業訓練部能力開発課主幹)と久しぶりの対面。「今村さんには学科だけでなく、実技、体験を通じて理解し、学んでもらいました。スポンジが水を吸収するかのようでした」と、思い出話に花が咲いた

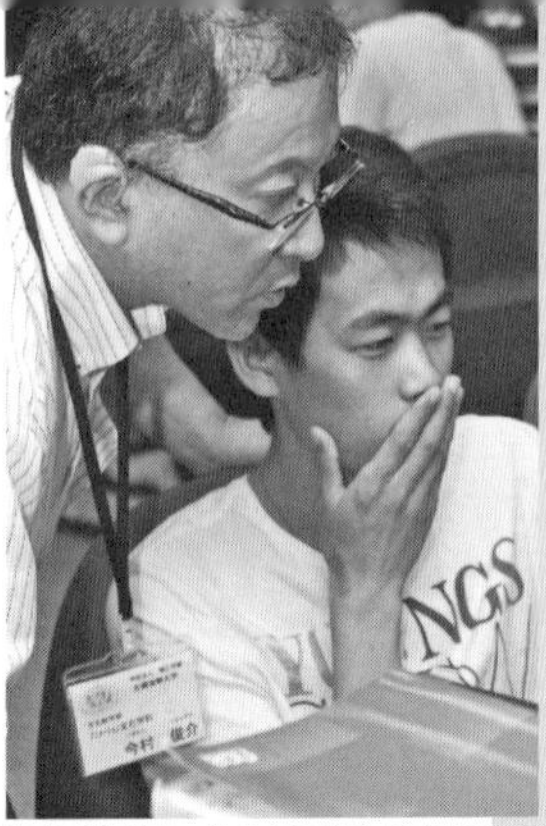

「耳の聞こえない先生に不満や不安は?」の質問に、学生たちは「今村先生はやさしくて親切でていねい。教材でわかりやすくフォローしてくれるので、問題ない」と話してくれた

由美子夫人(健聴者)とは手話サークルで知りあった。2004年3月に結婚。自宅近くを散歩する仲のいい夫婦だ

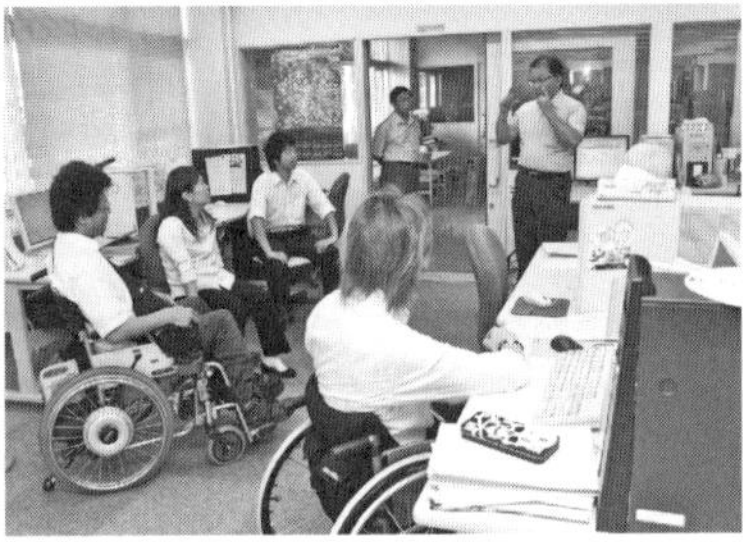

情報系で勉強中の後輩訓練生を前に、自分の体験談を話す(国立吉備高原職業リハビリテーションセンターで)

「先生、こっち、こっち」と、女子大生に人気の今村先生。教科以外のことでも相談にのる。口話でわからないときは、すぐ筆談で(学生たちと食堂で)

清水 晃さん 上越市役所
（新潟県）

「この人がいてくれてよかった」そんな行政マンをめざしたい

「私たちのような重度の障害者は、障害を克服する技術を習得することは、もちろん大切なことですが、さらに、自分の障害を事業主や周囲の健常者に、理解してもらう能力を身につけることも重要なんです。視覚障害者の場合、自分の障害は、このような感じで、拡大読書器やパソコンの画面音声ソフトなどを利用すれば、こう仕事ができるとか、それらの機器やソフトは、こうすれば手に入るとか、事業主などの相手に「見える化」した資料を準備しておくことです」と話すのは、新潟県上越市役所職員として活躍する清水晃さん(39歳)だ。

妙高市出身の清水さんは、地元の高校卒業後、韓国の大学に留学。子どものころから視力が弱かったが、大学3年生のときに異常を感じ、病院で診断を受けると「網膜色素変性症」で、5年後には目が見えなくなると告げられた。就職も取り消され、耐えきれないほどの絶望感の清水さんだったが、インド、パキスタンに出かけ、アフガン難民の支援活動に参加した。きびしい生活環境下で、けんめいに生きぬく難民の姿に学ぶことも多く、「自分にもできることがある」と、卒業後もNGOの一員として、インドでのアフガン難民の支援に従事した。ここで、奥さんとなるインド人のシャニーさんと知りあい、2002年に結婚し、帰郷した。

地元企業に就職もしたが、当時、地方での視覚障害者の就労に対する情報も理解も乏しく、補助機器も十分でない中では、思うような仕事ができず、退職するなど、苦労の連続だった。

2011年、埼玉・所沢市にある国立職業リハビリテーションセンターを知り、入所。1年3カ月の訓練を受けた。清水さんは「ここでの訓練は、体に染みついている感じです。能力も、情報の収集力も、いまでも役に立つことばかりです」と話す。さらに「これからは、この人がいてくれてよかったと思われる行政マンになりたい」と、抱負を語ってくれた。

(2014年7月)

自治・地域振興課の職員として、上越市の地域自治区の協議会が審議した録音内容をパソコンで活字に起こし、公開できるよう作業をすすめる

拡大読書器を使って、資料を読み、処理する

視覚障害者用ソフトでパソコンを打つ。画面表示を拡大、画面色を反転するなどして、見やすくしている

職場の上司、大島雅子自治推進係長(左)、小林元副課長と打合せをする

南 祥太さん　大津町地域包括支援センター

（熊本県大津町）

笑顔で迎える社会福祉士

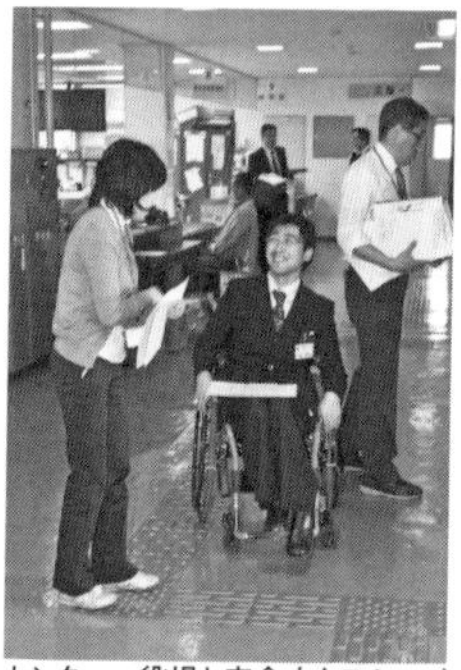

センター、役場と庁舎内もスムーズに移動できる

南さんが担当する広報誌「ふれ愛」

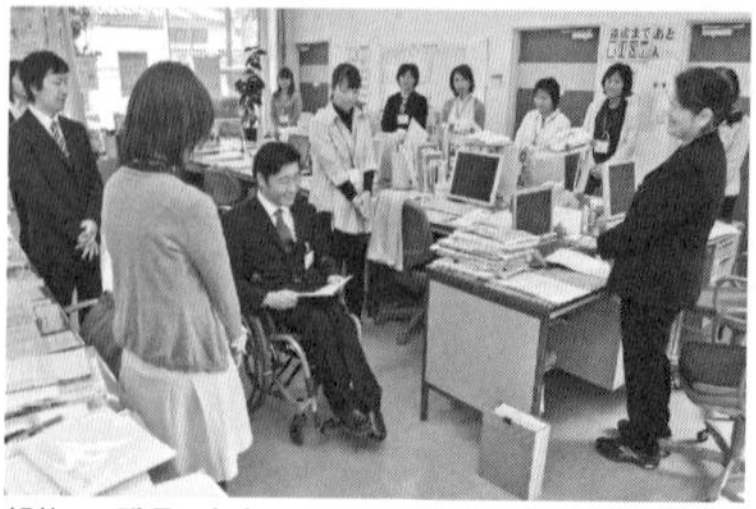

朝礼では職員が各自の1日の予定を話し、仕事を把握しあう

同僚の社会福祉士、合志拓也さんと相談

来所する障害者や高齢者たちを笑顔で迎える車いすの南祥太さん(32歳)は、熊本県大《お》津《おづ》町《まち》地域包括支援センターの社会福祉士として活躍している。

南さんは、生後8カ月で脳性マヒと診断され、2～5歳まで熊本県宇城市松橋の養護園に入所して過ごしていた。そして、両親の強い要望で地元、菊陽町にもどり、近くの友人たちの手助けを得て、地域の小中学校に通学して学んだ。

その後南さんは、県立大津高校を卒業。「福祉を学んで地域に恩返しをしたい」と、熊本学園大学社会福祉学科に進学した。大学ではボランティアサークルに入り、将来福祉に携わる多くの友人たちと知りあい、たがいに刺激しあいながら卒業した。

2007年3月に社会福祉士の資格を取得。2008年4月、大津町役場に採用され、地域包括支援センターに配属、念願の福祉分野での仕事に就いた。

「配属先がどこでも、どんな仕事でもがんばりたいと思っていましたが、福祉の仕事ができるこのセンターへの配属が決まり、とてもうれしかったです。同僚、上司に相談しながら、仕事の中身はもちろんのこと、さらに幅も広げて地域社会に貢献したいというのが、いまの目標です」と、南さんはやる気満々だ。

（2011年6月）

大津町役場の障害者雇用率は2.41%。法定雇用率2.1%を達成している。「地道に就労の場を探し、障害者雇用を推進していきたい」と話す家入勲大津町長(左)が、職場を訪れ、激励した

リハビリと体力づくりのため、週1回はプールに通う

酪農家の父・俊也さん、母・康代さんと実家の牛舎で

南さんの幼いころから支援してきたソーシャルワーカーの小仲邦生さんと

Column コラム

障害者の希望や苦しみを伝えてくれる写真

田島 良昭

小山博孝さんと初めて会ったのはいつだったのか、あまり定かではありません。昭和50年代の終わりごろ、知的障害者の人たちにも働く機会を与えてほしいと走りまわっていたころ、はじめて私の願いを聞いて雲仙に来てくださり、子どもたちと触れあっていただいたのが、当時の雇用促進事業団の道正邦彦理事長でした。「コロニー雲仙の応援団になるよ」と言って加藤孝さん(元労働事務次官)など、数人をご紹介いただいた中に、「熱心だけど変わった写真家」の小山さんがいたような気がします。

小山さんの名前と顔が私の脳裏に鮮明に焼きついたのが、昼ごはんの後のお昼寝の姿を見たときです。小山さんの首に、両腕に、胴体に、両足に7、8人の知的障害の子がしがみついて眠っていました。もちろん、一番気持ちよさそうに眠っていたのが小山さんでした。1985〜86年、労働省の障害者雇用促進映画『じぶんで働いて生きるために——知的障害者たちのコロニー雲仙』の撮影中の出来事です。

小山さんの作品で驚くことが2つあります。第1は、顔にぼかしやモザイクがないことです。現在でも知的障害者は、顔が誰か判明しないように、斜め後ろから映すべきだなどという意見があります。30年以上前から、ご本人のありのままの姿を大切にとらせていただく姿勢を貫いているようです。

第2は、つねに家族のような温かい視線が感じられることです。撮影をしている時間はほんのわずかで、友達になるための時間の長いことには、驚いたり、心配したりしたことが多かったように思います。その結果でしょうか、どの作品を見ても、障害者のみなさんがごく自然で、カメラを意識したギコチない表情が見られません。言葉や文章で自分の「思いや願い」を伝えることが苦手な知的障害者に代わって、小山さんが映像や写真で彼ら・彼女らの希望や喜び、悲しみや苦しみまでも、そっと包みこんで、多くの国民に伝えてくださいました。

長年、障害者を支援いただいたことに、深く感謝申し上げます。

（たじま・よしあき　社会福祉法人南高愛隣会前理事長）

Ⅱ章 働く現場を見る

WSBバイオ
（岐阜県山県市）

バイオでワサビづくり、活躍する障害者たち

優良なワサビの植物体から成長点を切り取り、増殖させる

『働く広場』の「編集委員が行く」で、松矢勝宏編集委員と岐阜で取材をした。その際、WSBグループの藤原雅章代表から、「うちの会社ではバイオ技術を利用してワサビを栽培しています。バイオ室もワサビ田も障害者が活躍しています」との話を聞き、見学した。そこで、知的障害や発達障害の人たちがバイオ室で顕微鏡を操作する姿に驚いた。さっそく再取材を申しこんだ。

朝、バイオ室を訪れると、河野剛さん（22歳）と塩谷彩菜さん（22歳）が手を洗い、白衣に着替え、藤原代表の長女、久子さんの指示で作業準備にとりかかっていた。バイオは雑菌が大敵で、使用する器具などを洗って滅菌する。

河野さんはまず、培養する培地づくり。塩谷さんは無菌室に入り、顕微鏡に向かってワサビの成長点取りを始めた。茎の根元に葉の数だけある0・2ミリほどの成長点を探し、ピンセットとメスで切り取り、培地で培養する。細かくて根気のいる作業だ。こうしてWSBバイオで生まれ育った苗が数カ月後、ワサビ田に定植されることになる。

（2012年6月）

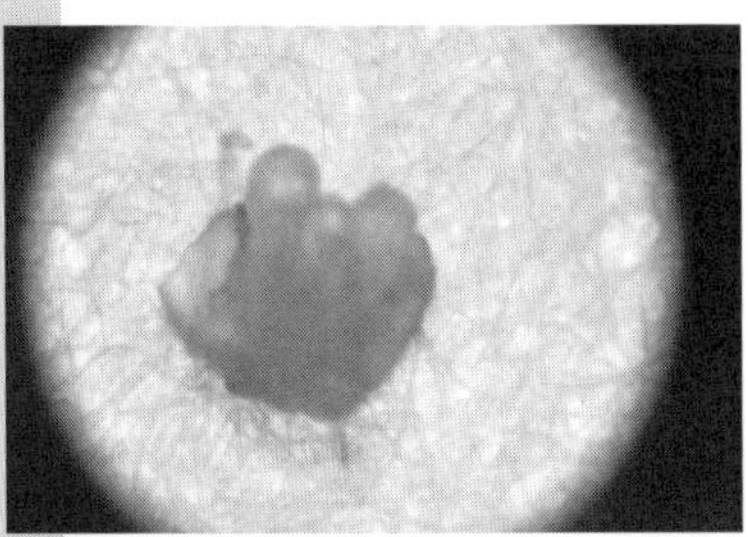
顕微鏡で見たワサビの成長点

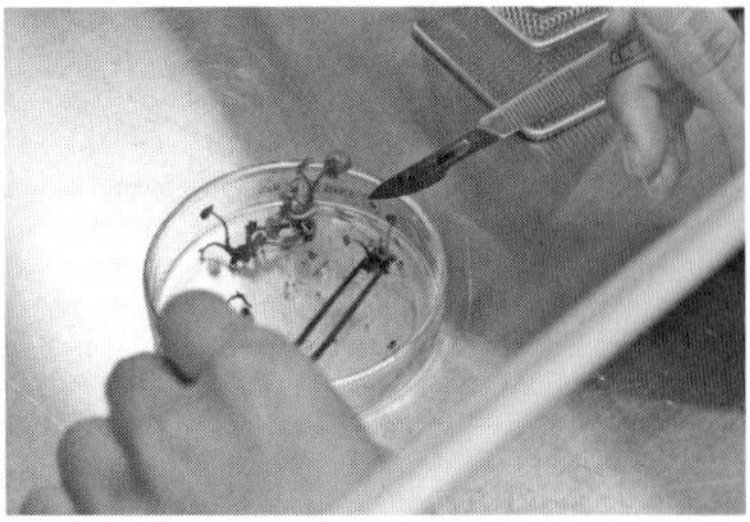
茎を切り分ける

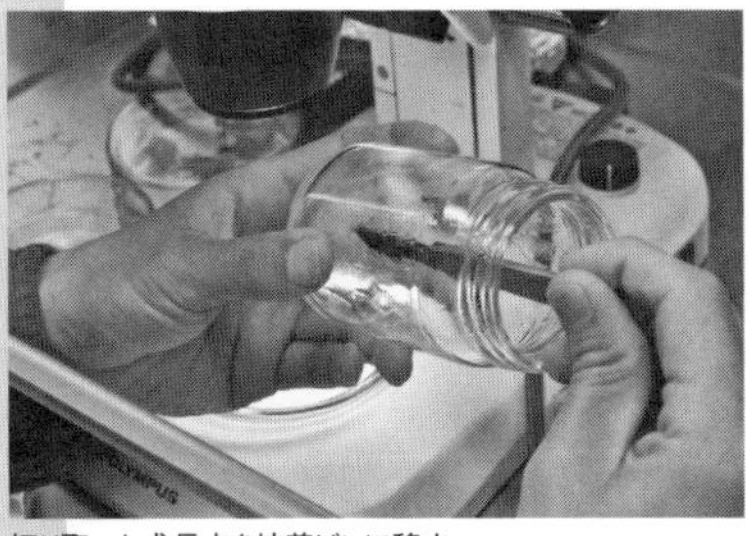
切り取った成長点を培養ビンに移す

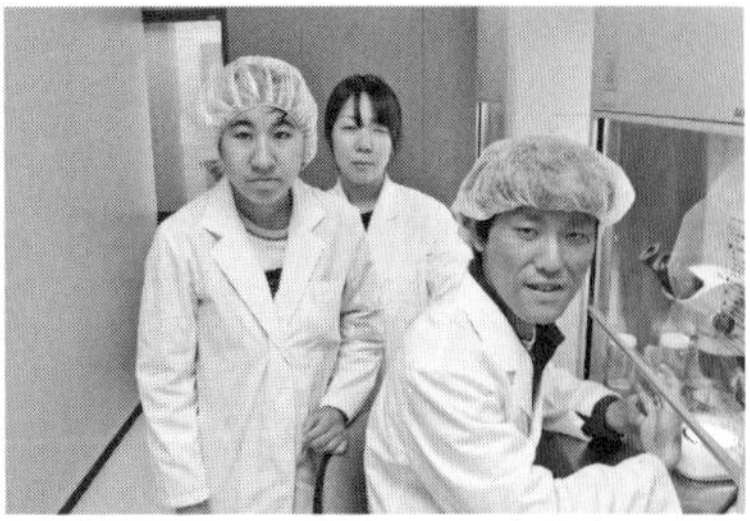
塩谷彩菜さん（左、5年目）と河野剛さん（4年目）はともに岐阜市立岐阜特別支援学校出身。中央は、藤原久子バイオ事業部技術指導員

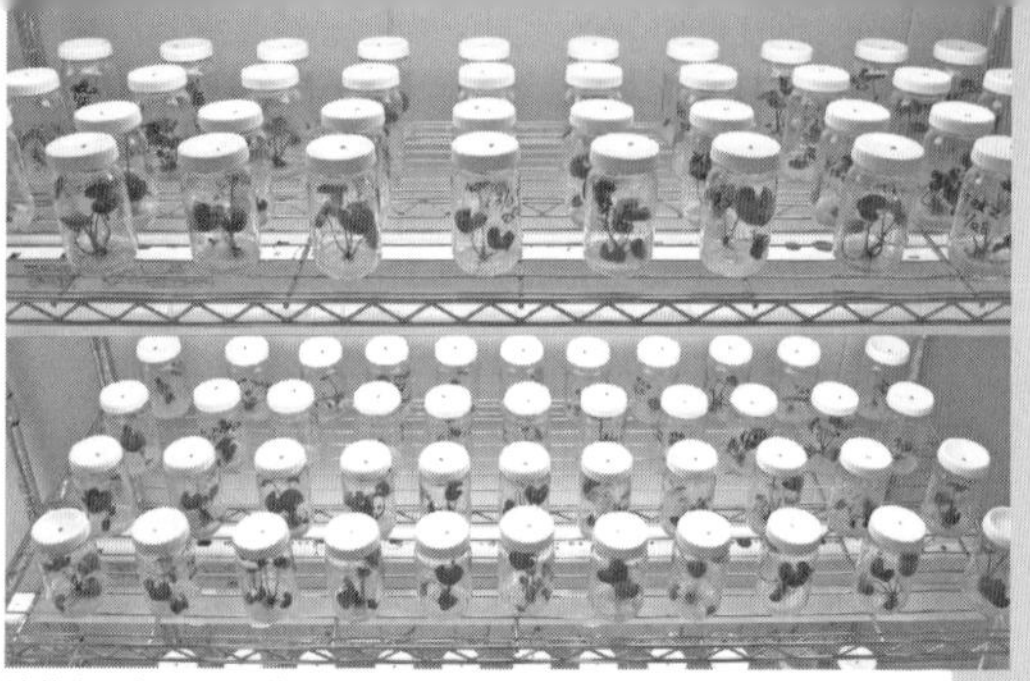

培養室で育つワサビ苗

収穫されたワサビは水洗いされ、葉柄、花芽、根茎に分類して出荷される

ワサビ栽培に興味があって入社、11年になる高木博之さん（34歳）は、ワサビ田のすみずみまで把握している

WSBグループの藤原雅章代表（左）と、生産品の加工部門を担当する健幸園の金武正幸社長

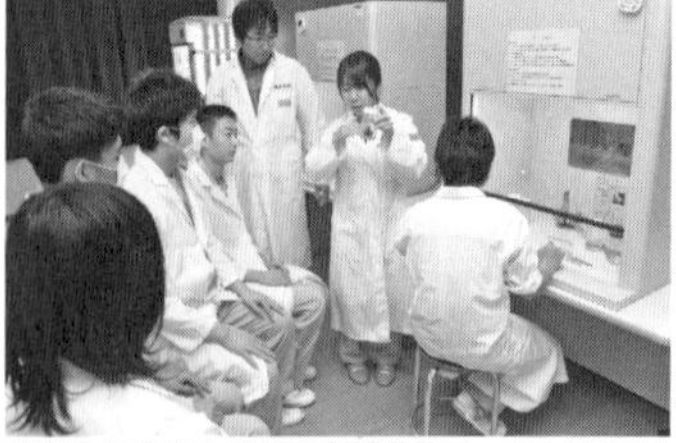

岐阜県立岐阜本巣特別支援学校で、バイオ班の生徒たちを指導する藤原久子さん

1000平方メートルのワサビ田に9種類1万6000株が育っている

鳥取発！農福連携事業

（鳥取県）

障害者の農業分野への進出——鳥取県の取り組み

3年前から障害者を受け入れている梨生産農家・中屋史男さんの指導で、梨の実の摘果作業

小さな梨の実を探し、軸などが折れないように袋がけをする

収穫されたラッキョウの根切り作業。台に固定された包丁に押し当てて根と葉を切り落とす。ラッキョウも鳥取県の特産品だ

日本の農業は、従事者や後継者の減少、高齢化などで働き手が減少している。「農繁期には手伝いがほしい」「若い戦力がほしい」と、農家の思いは強い。

私は、取材で日本各地を訪れ、こうした農家の現状を見るにつけ、農業分野への障害者の進出・職域拡大が進めばいいのにと感じていた。また、積極的に農業分野で活躍する障害者の姿を、紹介してきた。企業が少ない地域では、それぞれの能力や特性を生かすことができれば、農業分野でも大きな戦力になると思ってきた。

しかし、現状は、農業関係者の障害者に対する理解が十分には得られず、障害者就労を受け入れる環境が整っていない、学校や福祉施設など、障害者の就労を支援する側の農業に対する知識や技術が乏しいなどの課題も多く、なかなか進んでいかない。

こうした状況の中で、鳥取県は2010年から「鳥取発！農福連携モデル事業」を立ち上げ、障害者の農業分野への職域拡大に向けて取り組んできた。まず福祉保健局と農林局がタッグを組み、県下3地区（東部、中部、西部）に「障がい者就労支援プロジェクトチーム」を編成。農作業カルテの作成、農家・事業所のニーズの把握、マッチングセンターの設立などの農作業受託システムをつくって支援体制を整え、事業を推進した。

初年度である2010年度の参加障害者は99件、のべ4083人、参加農家（団体含む）は46戸だった。翌2011年度は117件、のべ6941人の障害者が参加し、57戸の農家が参加した。農家の人手不足を補い、障害者の賃金も増えるなど、双方にとって評判は上々だったようだ。

そして、障害者が農業現場で働くことで「やりがい」を感じ、収入を得て「自立」をめざす「鳥取発！農福連携事業」は、2012年度から本格的にスタートした。

こうした試みが、それぞれの地域の特色に合わせた形で、全国に広がっていってほしいものだ。

（2012年8月）

「鳥取県は農業県。障害があってもやれることはあります。マッチングが大切。ネットワークを拡充し、さらなる鳥取発の農福連携を推進したい」と語る鳥取県福祉保健部の足立正久障がい福祉課長

農家の人の話を聞く障がい福祉課・障がい就労担当の林和彦主事（右）と、有田修一コーディネーター（中）

働く姿を見守りながら、「今年はじめて参加しました。みんな仕事が楽しいといってくれるので、ホッとしています」と、（社福）あすなろ会 松の聖母学園の影井愛巳施設長は語る

京丸園
（静岡県浜松市）

つくる野菜はミニでも、障害者雇用の夢は大きい

「毎日、緑を食卓に」オリジナル水耕プラントで、寿司ねた用の姫ネギ、姫チンゲン、姫ミツバなどのミニ野菜を周年栽培し、出荷している

「障害者と出会うことがなかったら、いまこの会社もないと思います」と話すのは、京丸園の鈴木厚志社長(46歳)だ。鈴木さんは浜松の農家の13代目で、20歳のころから農業に励んできた。

「農園で人を募集すると、当時面接に来るのは高齢者と障害者ばかりでした。障害者にはどう接したらいいかわからないし、農業には不向きで、できない、と邪険に採用を断りつづけてきました。あるとき、障害者本人と母親が何組も面接に訪れ、母親が「私もいっしょに働きます。給料はいりません」と、親子で頭を下げる姿を見て考えました。もしかしたら農業にも、障害者を受け入れる役割があるのではないか。これが私と、私の会社の障害者雇用のきっかけです」と鈴木さん。

２００４年に会社を設立し、本格的に障害者雇用に取り組んだ。毎年１人は受け入れようと決め、現在ビジネスパートナーとして23人の障害者が働いている。鈴木さんは、障害者にもいい気持ちで仕事をしてもらい、能率も上がるようにと、農業分野での作業工程を見直し、さまざまなアイデアと工夫をしている。

「農業は変わらなくてはいけません。農業の活性化のためにも、農と福祉をキーワードに障害者雇用を、私なりに推進していきたい」と、鈴木さんはこれからの農業と障害者雇用のあり方を語ってくれた。

（２０１１年10月）

姫ネギのベッドをきれいに洗い流す桔川拓也さん(36歳)

トレーの両面を一度に洗えるように工夫された洗浄機。誰でもかんたんにできる

育苗ベッドの幅に合わせて、虫トレーラーが回り、虫を吸いこむ。野菜を害虫から守るために考案された

姫ネギ。寿司店の要望でミニに特化した野菜づくり

姫ネギのパック詰め作業をする松田正悟さん(18歳)。姫ネギ4000パック、姫ミツバ5000株、姫チンゲン1万本が1日で出荷される

姫ミツバ

京丸園の鈴木厚志社長

流水で姫ミツバを洗って出荷準備をする鈴木大輝さん(21歳)

HRD iDEAL
（鳥取市）

工場内は常春、LED活用の植物工場

取材の日の鳥取市は、雪模様の寒い日だった。だが案内された工場内は室温20度。赤色光と白色光でまぶしいほど明るい。まさに1年中春の植物工場だ。

ここは鳥取市の発光ダイオード（LED）の製造開発メーカーである「（株）HRD」が、障害者雇用を支援する目的で設立した子会社「HRD iDEAL」（エイチアールディ アイディアル）の工場。親会社のHRDの自社製のLEDの特性を活用して、大阪のメーカーと共同開発した野菜栽培システムで葉物野菜を栽培し、販売しているのだ。

HRDの原田宣明《よしあき》社長は話す。

「先代社長の時代から、障害者雇用に力を入れてきました。1990年には、障害者雇用の優良事業所として労働大臣表彰を受けたこともあります。障害のあるみなさんにはLEDや電子部品の組立て、検査などの手加工作業をしてもらっていました。

弊社では企業内授産や実習を受け入れていましたが、地域の福祉関係者や特別支援学校から、「障害者の働く場が少ないので、働く場を立ち上げてほしい」との要望があり、3年前にこの子会社の立ち上げを決めました。安定した仕事として植物工場にしました。この工場をぜひとも成功させ、「アイディアル方式」として全国に広げて、障害者雇用の拡大につなげたい」

現在、障害者25人（主に知的障害者、精神障害者など）、スタッフ10人が本社工場での野菜の栽培、電子部品組立て、清掃などの業務のほか、軽食喫茶「シンフォニー」での仕事に励んでいる。

（2013年4月）

原田宣明社長。「私たちのこの方式で、東北の震災地でもぜひ栽培してほしい。特に福島で新鮮なサラダを召し上がってもらいたいものです」

育苗室で約15日間育てる

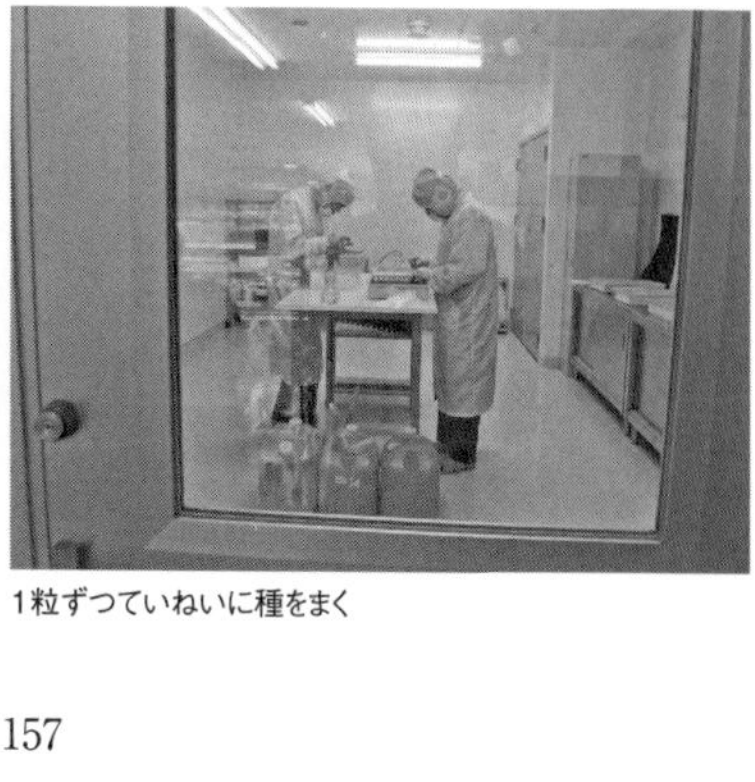

1粒ずつていねいに種をまく

植え替えられ、LED照明が配置された工場内の棚で20日間栽培され、出荷される

育てられた苗を植え替える

日産1000株の「ゆーまい菜」は、種をまいてから平均35日で収穫できる

収穫された野菜は、葉などが破れていないかチェックする

ていねいに袋詰めして出荷

諫干ドリームファーム

（長崎県諫早市）

1日2万本出荷、花づくりに汗を流す

長崎県・諫早湾の広大な干拓地の一画に、14棟の巨大なビニールハウスが立ち並んでいる。ハウスの中で栽培されているのはすべて菊の花だ。ここでは周年栽培され、毎日2万本が、東京、大阪などの花市場に向けて出荷されている。

この事業を展開する株式会社諫干ドリームファームは、2007年8月、県内の8つの農業法人と2人の個人が出資して諫早湾干拓農地に設立した会社で、主に菊とネギを生産するなど大規模農業をめざしている。

ハウスの一角で一人の青年が菊畑の畝のあいだをまわって、出荷ごろの花を選んで収穫する「花切り作業」に黙々と励んでいる。末永幸仁さん(19歳)は長崎障害者就業・生活支援センターの支援を受け、3週間の実習とトライアル雇用を経て入社。今年で3年目になる。朝7時30分から夕方5時まで、主に菊の花切り作業に従事する毎日だ。

末永さんのほか3人の知的障害のある人たちが菊とネギの畑で汗を流す。

「農業では、種まき、定植、水やり、機械操作……と、やることが多種多様ですが、仕事を覚えてくれれば一般の人よりも仕事ができる」と福島社長は話す。農業分野での障害者雇用の場のさらなる広がりを期待したいものだ。

(2011年4月)

5.3ヘクタールの土地に、菊用の巨大なビニールハウス(約300 m×170 m)が14棟立ち並ぶ

朝7時半。作業開始だ

うす暗い早朝7時前に出勤する末永幸仁さんたち

液体肥料や水やりは自動化されている

花切り班のリーダー、木下耕さん(左)の指示で作業を進める

ハウス内で休憩

畝のくい打ち作業。まっすぐに並ぶよう確認して、打ちこんでいく

切りとった花を運ぶ

コラム Column

障害者が働くことがあたりまえの社会を実現するために

戸苅 利和

障害のある人たちの雇用は、年々増加している。社員50人以上の企業に雇用されている障害者は、2014年6月で43万人おり、リーマンショック時を含め12年連続の増加である。

わが国の障害者雇用支援策は、①企業に社会的責務として社員数の2%以上障害者を雇用することを義務づけ、遵守のための行政指導をおこなうこと、②法定雇用率の2%に届かない企業から不足する障害者1人につき月額5万円の納付金を徴収し、雇用率達成企業にはこれを超える人数1人につき月額2万7000円の調整金を、障害者を雇用するため設備の整備や介助者の配置などをおこなう企業には助成金を分配することにより、障害者雇用の費用を各企業に均等に負担させること、③本人、家族、企業に、障害者が職業に就き、仕事に適応するための相談・助言、訓練、介助などの職業リハビリテーションの支援をすることを柱に進めてきた。

これまで、雇用義務の対象を、当初の身体障害から知的障害、精神障害に広げ、法定雇用率を段階的に引き上げるなど、施策の強化を重ねてきており、障害のある人たちの就労意欲の高まりや企業の努力もあいまって、雇用は拡大してきた。

しかしながら、これらの支援策は、障害のある人を保護の客体とし、障害者雇用をコスト要因として捉えるという考え方が根底にあるため、企業の側は発想や目的が法令遵守にとどまり、障害のある人の側はキャリアアップや労働条件の向上意欲を自己抑制するといったことが、往々にして見受けられるところである。

国連における「障害者の権利に関する条約」の採択を受けて、2013年に障害者雇用促進法が改正され、障害を理由とする雇用差別の禁止と合理的配慮の提供義務という新たな規範が定められた。法改正を契機として、国や企業が障害のある人たちの権利を保障し、雇用の質的な向上に積極的に取り組まれることを心から期待している。

結びに、私が、障害者雇用支援の独立行政法人理事長時代に、助成金を活用して建設された工場の竣工式などの際に、いつも申し上げていたことを紹介させていただく。

「障害のある人たちが働くことが、ごく普通のこととなる社会を実現するためには、企業は社会的責任と利潤追求を両立させるべく、障害のある社員も戦力になってもらい、企業利益に貢献できるようにしていくんだという発想を職場のすみずみまで徹底して、経営成果を出していくことが必要です。そうすることで、障害のある社員も、能力を最大限に活かせるようになり、会社のため自分のためにいっそう張り切っていきいきと働くことができるのです」

（とがり・としかず　NPO法人キャリア権推進ネットワーク理事長、元厚生労働事務次官、元高齢・障害者雇用支援機構理事長）

II章

働く現場を見る

❾ 一般企業その他で働く

藤岡 展弘・義典さん JFEアップル西日本倉敷事業所
（岡山県倉敷市）

夢だった就職が実現

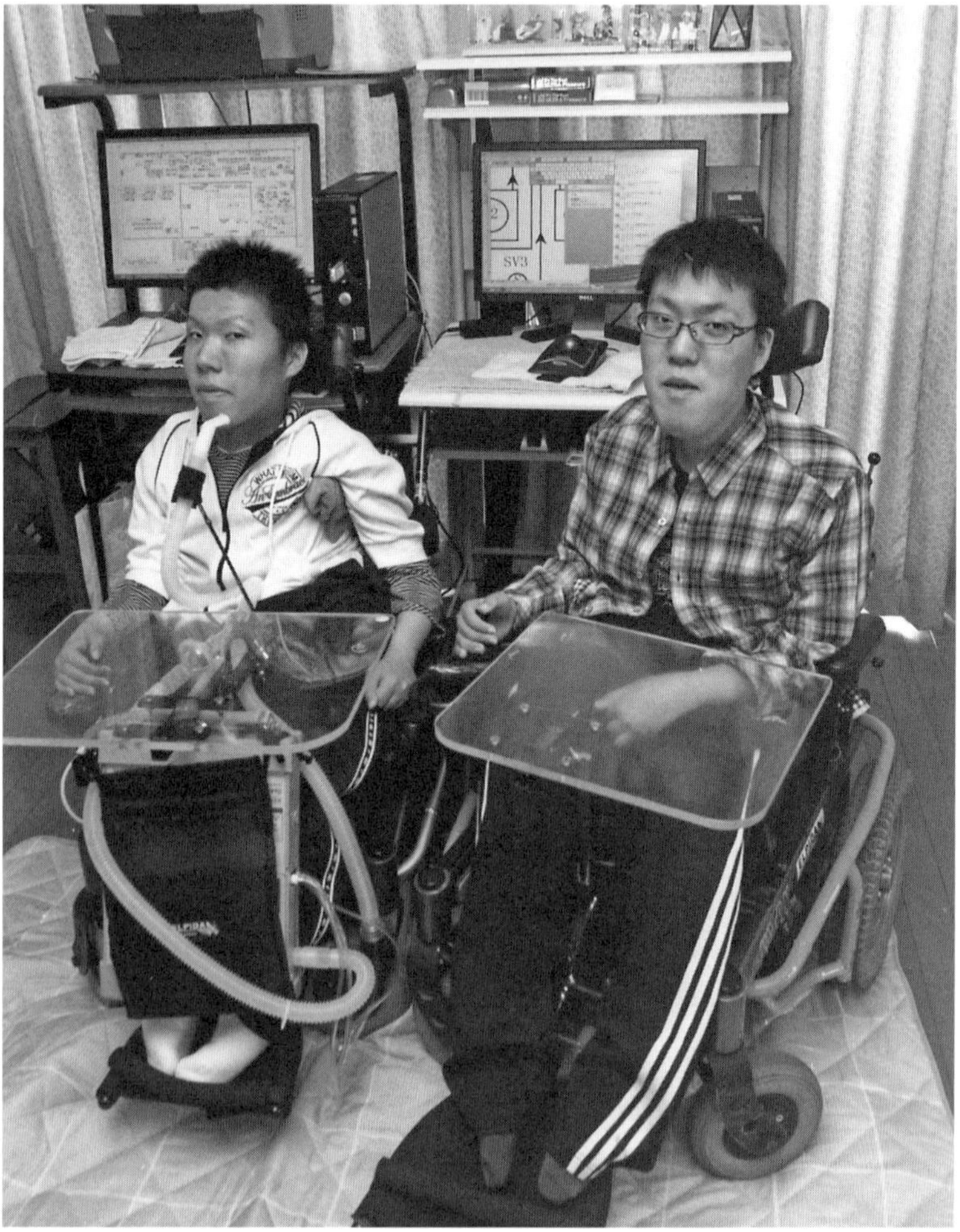

弟の義典さん（左）と兄の展弘さん（右）

朝9時、電動車いすに乗った2人の兄弟が、自宅に設置したパソコンに向かって仕事を始めた。通勤が困難な障害者の在宅での就労だ。仕事に励む2人は、兄の藤岡展弘さん(24歳)と弟・義典さん(21歳)。

2人には、進行性筋ジストロフィー症による両上下肢に障害がある。手首、指は動くが、両腕をもちあげたり、自立での歩行や姿勢の修正などが困難で、身辺介助の支援が必要な重度の身体障害者なのだ。

高齢・障害・求職者雇用支援機構が管理・運営する国立吉備高原職業リハビリテーションセンターでは、2006年3月、「一定の介助支援が必要な重度の身体障害者に関する職業訓練について、モデル的に取り組む」ことを決定し、同年9月より藤原兄弟を受け入れた。訓練指導員たちが食事、排泄、姿勢の変更、水分補給など介助支援をしながら1年間の職業訓練をおこなってきた。

2人は電気・電子系電子機器科で、2次元CADによる図面作成、データ入力、ホームページ作成などを学んだ。マウスをトラックボールに変え、文字入力にはスクリーンキーボードを利用するなどの技術指導を受けた。「夢だった就職」の可能性を求めて、岡山の自宅からセンターに通いつづけた。

そして翌年10月、JFEアップル西日本(株)の在宅による嘱託採用が決まった。職場実習も事業所と連携をとり、実際にあわせてセンターと自宅の両方でするなど効率的におこなわれ、2人の夢だった「就職」が実現したのだ。

兄弟のつぎの目標は、「いまの仕事をより長くつづけることと、電動車いすサッカーでの全国優勝」だ。

(2009年7月)

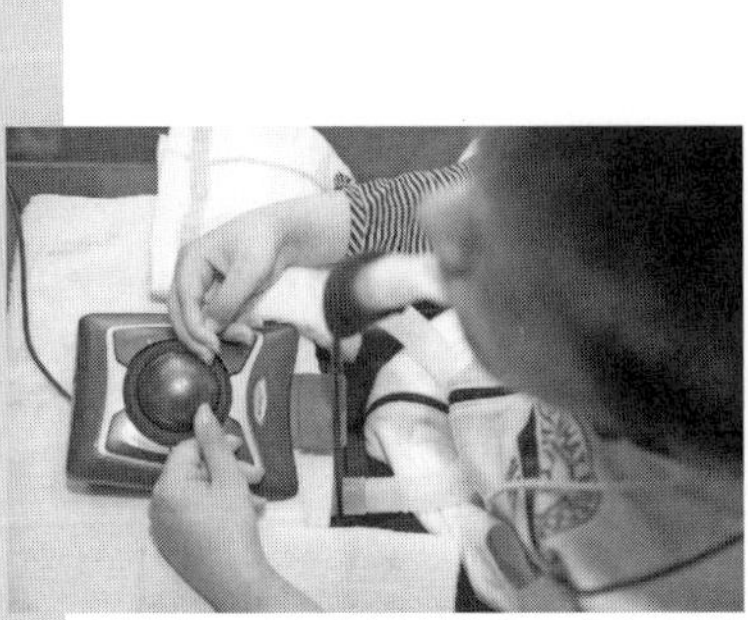

パソコン作業は、マウスではなく大きめのトラックボールが効率的

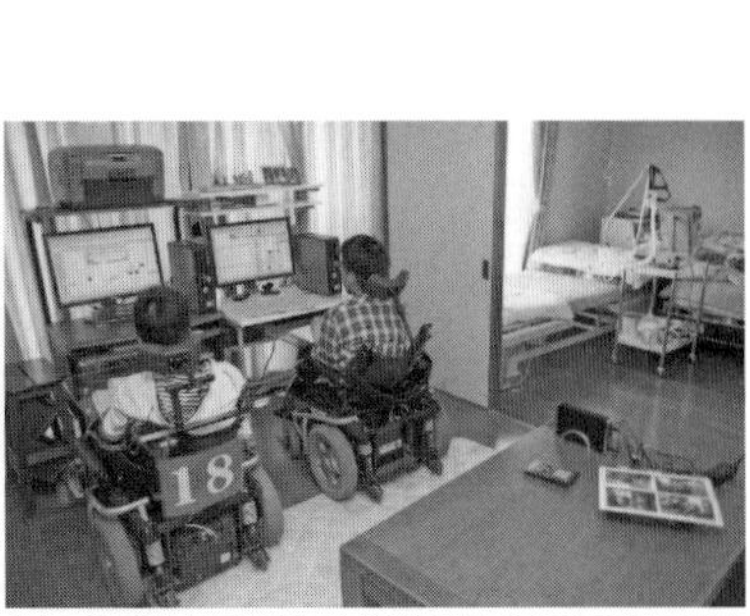

自宅で仕事をする藤岡兄弟(午前9時から午後3時までが在宅での勤務時間)

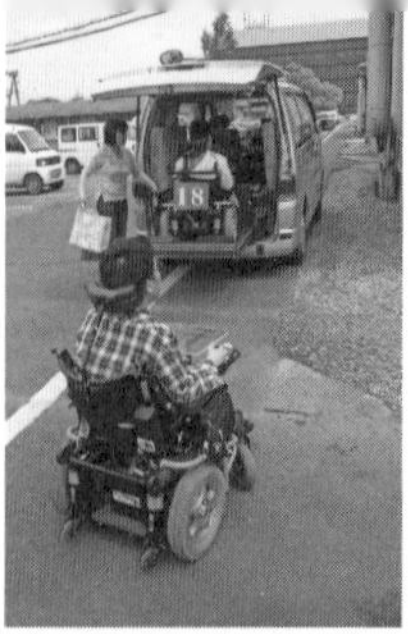

出社日には、お母さんの運転する車で

藤岡さんの自宅。玄関などの段差には、手づくりの折りたたみ式スロープが備えられている

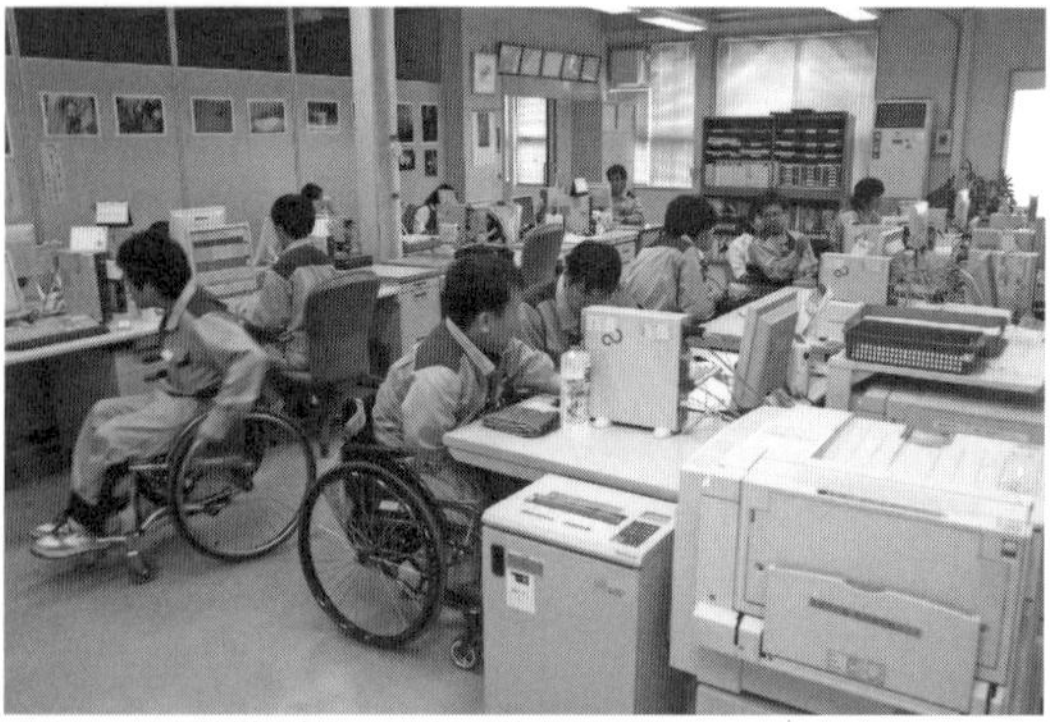

JFEスチールの特例子会社として多くの障害者が働く

出社して、国立吉備高原職業リハビリテーションセンターの先輩でもある船田啓介さんと打合せ、指導を受ける。ときには船田さんが藤岡さん宅へ出かけることもある

盲導犬イッシュと穂刈 顕一さん 日立情報システムズ

（東京都品川区）

On your side

「さあ今日も、会社に行くよ」。穂刈顕一さん(24歳)は盲導犬イッシュといっしょに、千葉市内の自宅から京成、総武、山手の3路線を乗り継いで、品川区大崎にある勤務先の日立情報システムズに出社する。竹原毅人事課長の発案で、イッシュの首にも社員証がかけられている。

穂刈さんは、先天性白内障に緑内障を併発するなど重度の視覚障害者だ。千葉盲学校高等部から筑波技術短期大学(情報処理学科)に進学、パソコンシステムを学んだ。そして2005年4月、日立情報システムズに入社、人事課員として採用全般を担当している。穂刈さんは、メールなどを音声で読みあげるパソコンソフト、ヘッドホン、拡大読書器などを使って仕事をこなす。

入社当初、穂刈さんは白杖を使用して通勤していた。会社近くの道路が渡れずに、同僚に電話して助けを求めたこともあった。また、休日に外出した際に、駅のホームから転落したこともあった。

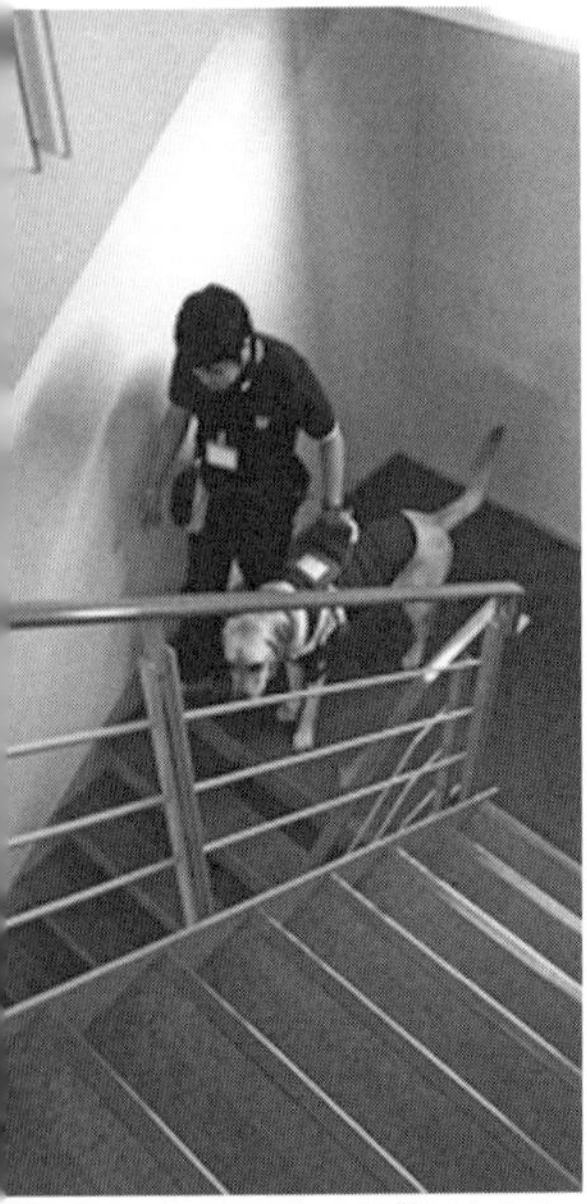

社内での移動にも穂刈さんとイッシュはいっしょ

「入社後すぐに、穂刈さんの視野が狭くなり、色の判断が難しくなるなど、視力が急に衰えていきました。そんな昨年の6月、穂刈さんから「盲導犬ユーザーになることができそうだ」との話があり、盲導犬に関する情報を集め、社内での受け入れ態勢を整えました。社内には犬嫌いの人や、犬に対するアレルギーがある人もいるかもしれませんでしたが、盲導犬に関する正しい知識と対応を周知したところ、みなさん理解してくれました。イッシュが来て、通勤の大変さや心配もやわらいで、いままで以上に彼は仕事にも集中できるようになり積極的になりました」と竹原課長は言う。

穂刈さんも「イッシュがいれば通勤も怖くありませんし、楽しい。これからは全国各地に出張して、会社説明会でいろいろな人に会いたい、話したい」と張り切っている。

「もちろん、ぼくもイッシュも、On your side です」

(2008年8月)

イッシュは、2歳9カ月のラブラドル・レトリバー。いつも社員証を首にかけている

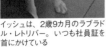

穂刈さんが仕事をする、すぐ後ろの机の下がイッシュの待機するハウス。同僚の手づくりだ

拡大読書器を使って仕事をこなす穂刈さん

上司の竹原課長(右)と打合せ

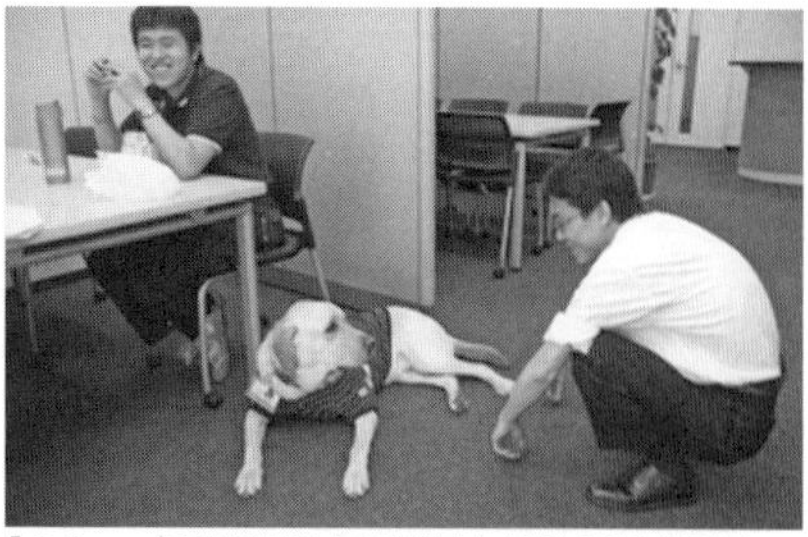

「イッシュ、今日は取材協力ありがとう」と話しかける竹原さん

同じ大学から今年入社した後輩の東川さんの相談にのり、アドバイスする穂刈さん

同僚と、おしゃべりしながらの昼食。「いいにおいがするけど、ボクは仕事中だからガマンするよ」(イッシュ)

藤原 麻友美さん ファッションセンターしまむら

（愛媛県松山市）

「店の空気になじんでいます」

藤原麻友美さん（松山市別府店勤務。生まれながらの弱視で、正面のみしか見えない）は入社して1年半になる。「お客さんに声をかけられ、誰だかわからなくて困ることがあります。店内の陳列レイアウトを変更したときなども、店長や同僚に教えてもらって、なんとかやっています」

「○○はどこにあるの？」「はい。こちらです」案内も大切な仕事

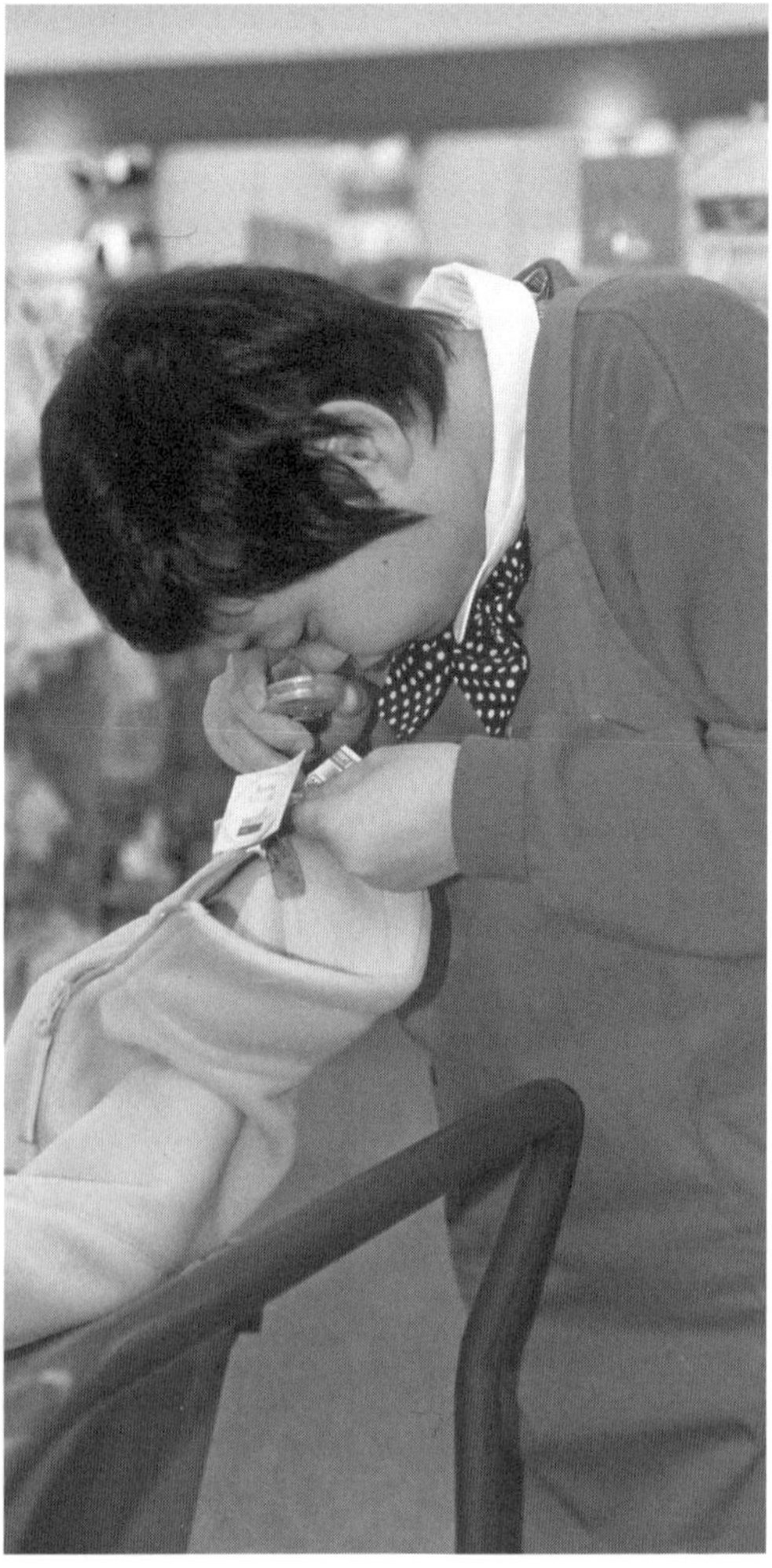

「お客様相手なので、トラブルが起きたときどうしようか!と思っていましたが、こうして毎日いっしょに仕事をしていますと、私たちが想像していたよりも仕事ができますし、店の空気になじんでいます」と話すのは、伏見知日子しまむら谷町店店長。

伏見さんは、松山地区7店舗を統括するブロック長でもある。伏見さんが担当する7店舗には、各1名の障害者(視覚障害者1名、聴覚障害者2名、知的障害者4名)が配属され、それぞれの店舗で活躍している。

衣料品を中心に、「ファッションセンターしまむら」を全国展開する株式会社しまむらでは、2004年から障害者雇用に本格的に取り組み始めた。伏見さんの担当店でも、本社の方針にしたがって障害者の雇用のための準備を始めた。

地域のハローワーク、県の障害者雇用促進協会、障害者職業センターなどの支援を受けながら、聴覚障害者とのコミュニケーションはどうすればいいか、知的障害者との接し方は、仕事はどうやって教えたらいいのか……、店長たちを集めての研修会、ジョブコーチやカウンセラーたちとの意見交換などをおこない、障害者雇用をすすめてきた。

「いっしょに仕事をすることで、社員たちもやさしくなれる。仕事でも会社のイベント(忘年会、旅行会など)でも、社員たちが協力してくれるのです。自分たちをあらためて考え直すことにもなったようです。仕事をする意欲があれば、障害はあまり関係ないと思います。障害者雇用をすすめてよかった」と伏見さんは話す。

(2006年4月)

中井三代さんは、2004年10月から北条店で働いている。「まだ、お客さんとの対応、社員やパートさんへの引き継ぎの説明がうまくできない」と話す

冨田睦美さん(谷町店勤務)は、毎日昼食用のお弁当をつくって、グループホームから自転車で通勤している。夏のボーナスでDVDつきのテレビを、冬にはスーツを買ったと話してくれた

「今日の特売は」朝の全員ミーティング

旭化成アビリティ

（岡山県倉敷市）

私たちは挑戦しつづける

旭化成の特例子会社として、1985年に設立され、全国4カ所にある営業所では、多くの障害者が活躍している。水島営業所でも、OA、印刷、製本、清掃、緑化などの業務を、49人の障害者（身体33人、知的12人、精神4人）のみなさんが、そのそれぞれの能力を発揮してがんばっている。（2012年6月）

ベネッセビジネスメイト

（岡山市）

障害もいろいろ、仕事もいろいろ

教育、出版、通信販売と企業活動を拡大するベネッセ。その特例子会社ベネッセビジネスメイトでは、知的障害者など、さまざまなハンディキャップの障害者が活躍している。（2012年5月）

羽中田 昌さん カマタマーレ讃岐監督

（香川県）

サッカーからの感動が忘れられない

香川県営球技場。四国サッカーリーグのカマタマーレ讃岐と三洋電機徳島の試合が始まる。両チームの選手たちが、フェアプレーキッズと手をつなぎながら入場してきた。車いすに乗ったカマタマーレ讃岐の羽《は》中田《ちゅうだ》昌監督が見守っている。

羽中田さんは山梨県甲府市出身。小学3年生のときから「サッカーに夢中」の毎日を過ごした。強豪山梨県立韮崎高校へすすみ、1年生のときからレギュラーとして全国大会に出場するなど、サッカー選手として大活躍してきた。

大学進学のため、準備していたときだった。バイク事故で脊髄を損傷し、下半身不随に。将来を嘱望されたサッカー選手としてのキャリアに終止符を打った。

１９８６年に山梨県庁職員となり、8年がたった１９９３年、はなばなしくＪリーグが始まった。ピッチには、かつて高校サッカーで戦った選手たちが、一心不乱にボールを追っていた。その活躍する姿に触発され、羽中田さんはサッカー指導者の道を志したのだった。１９９５年、スペインのバルセロナに渡った。「サッカーからもらう感動が忘れなかったから」と羽中田さんは振り返る。２０００年に帰国するまで、スペインで本物のサッカーに触れ、そして学んだ。

帰国後はテレビやスポーツ紙などの解説者として活動するかたわら、東京・暁星高校サッカー部コーチとして指導にあたっていた。２００６年9月には、身体障害者としてははじめての日本サッカー協会・S級ライセンスを取得した。

香川県のカマタマーレ讃岐からオファーがあったのは２００７年の秋のこと。本年1月から、羽中田さんの念願だった、サッカー監督という生活が始まったのだ。

「四国リーグで優勝して、地域リーグ（9地域）決勝大会で2位以内に入ると、つぎがＪＦＬです。道のりはまだ遠いですが、1試合1試合を一所懸命戦い、目標に向かっていきたい」と羽中田監督は決意を語った。（２００８年7月）

選手たちの練習を見る目も厳しい

選手を集めてのミーティング

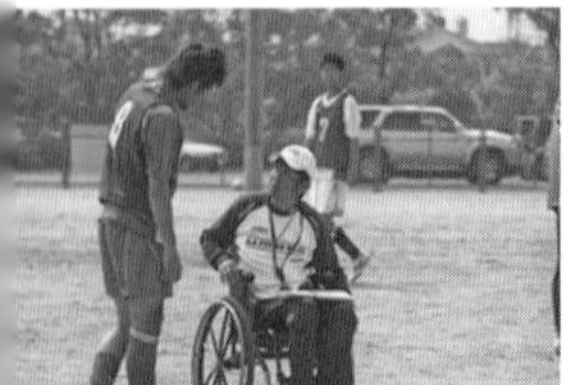
キャプテンに指示を出す

ホームスタジアム・香川県営球技場（高松市）での三洋電機徳島との四国リーグ公式試合。9―0で大勝した

子どもサポーターたち

先発メンバーに指示を与える

試合後のインタビューに答える。「課題は山積み」と、大勝しても厳しい。目標のJFL昇格をめざして、気を引き締める

ちびっ子ファンにも一番人気の羽中田監督

色紙には「夢」と書く

スーパーサンワ　紀ノ国就労支援センター

（和歌山市）

スーパーマーケットで活躍する仲間たち

現在21人の障害者たちがスーパーサンワの楠見店、舟津店で働いている

「私たちが住んでいた和歌山の和田町の和田(姓)。この3つの「和」と父母と私の3人の「和」にちなんで、店の名前を「サンワ」とつけたんです。仕事にも、会社や社会にとっても和は大切ですから」と話すのは、和歌山市のスーパーサンワ・和田安生社長。

和田社長は高校時代から、夏休み・冬休みになると友人といっしょに、スイカやミカンをもって市内を売り歩いた。その後も軍手や手袋、果物の行商をするなど、商売一筋の苦労人だ。そして1977年、父母とともに「サンワ」を開店。スーパーサンワのスタートだ。和田社長が23歳のときだった。

「従業員は100人近くになっていましたが、とくに障害者雇用ということを意識したこともありませんでした。正直いって関心もなかったです」

3年ほど前、経営コンサルタントで障害児の父親でもある友人から、「人の役に立つ仕事をしてみませんか。あなたの会社で障害者の働く場や就労への訓練、環境づくりで社会貢献してみませんか」と声をかけられた。

和田社長はさっそく、先進的に障害者雇用に取り組んでいた岡山などの企業や施設を見学してまわった。しかし、「障害者も多種多様で、障害者雇用も大変だなあ」と感じた。それまで経営理念として、「地域密着で、自分たちの花を最大限に咲かそう。そして人間関係のすばらしい職場をつくろう」を掲げ、社員教育に力を入れてきた和田社長は、「わが社の社員たちなら育てる喜びを感じ、障害者雇用もきちんとやってくれるだろう」と考えた。

そして2012年3月、NPO法人紀ノ国就労支援センターを社内に設立し、就労継続支援A型事業所「クロスオーバー」を5月にスタートさせた。「体験学習」として顧客に理解を求め、現在21人が技術を学びながら働いている。

（2013年5月）

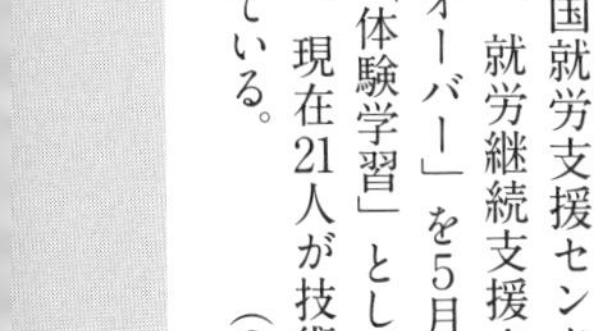

「みんな、いい感じで育ってきています。障害者雇用でもさらなる地域貢献をしたい」と和田訓昌店長(楠見店)は言う

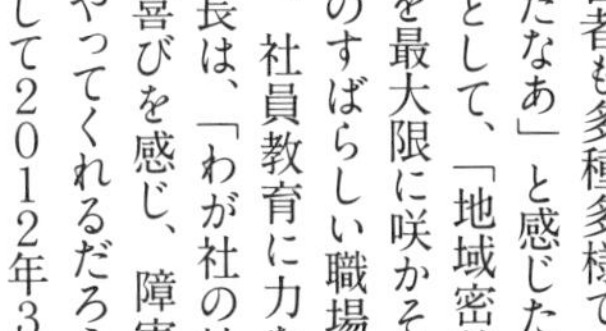

「いまはなくてはならない存在になっています。社員からももっと力を入れてほしいという声もあります。今後障害者を50人ぐらいまで増やしてもいいと思っています」と話す和田安生社長

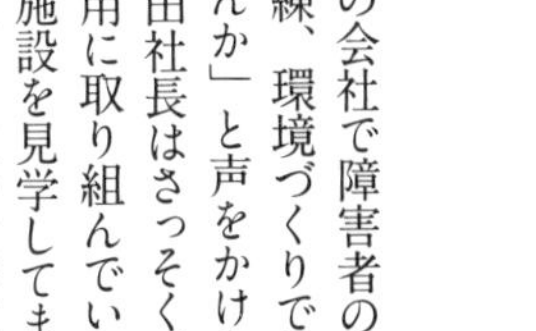

朝礼のときには、あいさつ、服装などを全員で確認する

店頭で鶏を焼いて販売する松尾愛里さん

花卉担当の濱本有香さん（左）と林あゆみさん

弁当づくりをする杉山美代子さん

商品の袋詰めをする畠中陽希さん（左）と中村成志さん

野菜売り場で商品を並べ整理する佐古昂史さん

「彼女募集中」と、笑顔で仕事をする岡田垣内翔さん

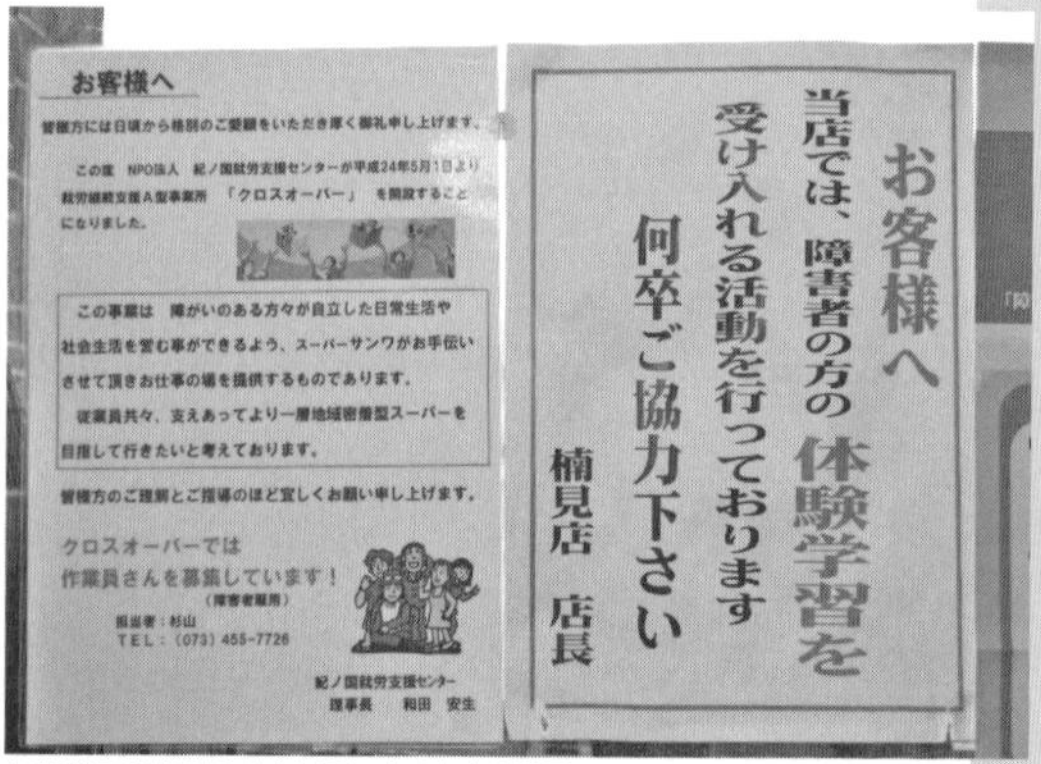

お客様の理解と協力をお願いする案内を掲示している

手打ちさぬきうどん竜雲
（香川県高松市）

「がいに、うまいがー」

盛りつけも手早い

「今日のうどんはいかがですか」と、客として訪れた支援学校時代の恩師にあいさつする真鍋大造さん

「お待ちどおさまでした」接客係の矢野沙織さん。昨年、アビリンピック全国大会香川県代表として喫茶サービス部門に出場した

讃岐うどん。うどん王国として有名な香川。その中心の高松で最近注目され、にぎわっているうどん店がある。店に入ると接客係はもちろんのこと、厨房内のスタッフなど全員が「いらっしゃいませ」と元気なあいさつで客を迎え、「ありがとうございました。またのお越しをお待ちしています」と客を送り出す。高松市仏生山法然寺(高松藩主松平家の菩提寺として有名)の境内にある店「竜雲うどん」だ。

この竜雲うどんは、法然寺が一九六五年に設立した社会福祉法人竜雲学園が運営、主に知的障害者が働いている。学園では20年前から製麺事業に取り組んできたが、製麺技術を習得しても就職先がままならず、新しい就労の場の創出を模索していた。

2009年、就労継続支援A型事業所「ぼだいじゅ」を立ち上げた。立ち上げと同時に店舗を改装し、製麺、麺つゆなどの原材料、製法の見直しをおこなった。そして同年4月、すべてをリニューアルした竜雲うどんがオープンした。リニューアルオープン後、売り上げは倍増、たくさんのお客様でにぎわっている。

取材後、筆者も試食したが、「がいに」(とても)おいしかった。読者のみなさんも高松にお出かけのときには召し上がってみてはいかがだろう。

(2010年7月)

厨房スタッフのみなさん

「オーダー願います」みんなで声を出して確認

うどんを打つ真鍋さん。今年で6年目になる。「季節やその日の天気によっても伸び方がちがうからむずかしい」と話す。うどん職人の風格が感じられる

うどん生地を交代で足踏みし、さぬきうどん独得のコシの強さを出す。ここでも「交代します」「代わってください」と声を出して作業をすすめる。生うどんのほか半生うどんとして空港、地元スーパーに出荷している

阪野 翔生さん

（徳島県阿南市）

「翔生、がんばれ」親子でトライアスロンに挑戦

鉄人レースに挑戦しつづける阪野翔生さん

合計200㎞もの長距離（水泳3㎞＋自転車155㎞＋フルマラソン）の過酷なレースながら、ストロングマンあこがれの「全日本トライアスロン宮古島大会」。バイク制限時間が近づく中、力いっぱいペダルを踏み、最後の坂道に向かって挑戦する親子。「翔生《しょうき》がんばって。ゴールまでもう少し。がんばれ、翔生」と沿道から声援を送りつづける母、恵子さんもいる。

この大会に初挑戦したダウン症の阪野翔生さん（22歳）は、日亜化学工業に入社。焼きたてパン「こんがり宅急便」に出向し、パン職人として活躍している。朝8時に出勤して夕方5時まで、2人の知的障害者とともに、クリームパン、メロンパン……とさまざまなパンをつくっている。店での接客や出張販売も仕事の範囲だ。

夕方、仕事を終えた父、顕正さん（日亜化学工業勤務）の迎えの車で自宅に戻り、トライアスロンの練習が始まる。

「もともと明るく人なつっこい子ですが、以前は自分のペースを乱されたりすると、怒ったりダダをこねました。何か自信をつけさせたいと思って、自分がやっていたトライアスロンを勧めたんです。息継ぎもできなくて水泳嫌いだった息子に、スローペースでいいからと粘り強く指導をつづけ、今日の翔生に成長してくれました」と顕正さんは話す。筋トレ、ランニング、室内でおこなう負荷をかけての自転車と、顕正さんのつくる日々の練習メニューの練習がつづく。

トライアスロン大会初出場は2003年のサイパン大会、その後、何度かの大会に出場、制限時間オーバーでのリタイアもあった。今回の宮古大会は、翔生さんにとって、19回目の挑戦となった。

（2009年6月）

バイク（155㎞）の残りはあと20㎞。沿道から2人に「ワイドー・ワイドー」（がんばれの意）と地元の声援がとぶ

朝7時、水泳で大会がスタートした

自宅近くで練習に励む親子

水泳（3km）を1時間15分で通過

いっしょに働く母、恵子さんと、ウインナー巻きをつくる

材料の計量から担当するカスタードクリーム。翔生さんのつくったクリームを使ったパンは、お客さんからも大好評だ

Column コラム

すべての「顔」が発信している

樋口 克己

障害者雇用の原点は「やってやる」の発想ではなく、「できる環境を与えて、それに対する励まし」です。その基本となるのは「おたがいを認めあうこと」です。企業が求める人材は、障害者雇用率達成の手段としての雇用ではなく、働く一人一人が主役となって自己のもてる能力を最大限発揮し、企業活動に寄与する人たちです。

ハードとソフトの両面から彼らが活躍できる環境を整備し、それぞれの幸せ、達成感を感じて自己成長へとつなげてほしいと思います。

小山氏とは、高齢・障害・求職者雇用支援機構の雑誌『働く広場』を通して、長年いっしょに仕事をさせていただいております。小山氏の写真で、私は一人一人の生きざまやときどきの心の中の想い、語りたいことを、レンズを通して見ることができ、知ることができます。障害のある人たちが何を思い、考え、働いているか、何を訴えたいのかが、写真の中から見て取れます。

本書は、小山氏の永年の集大成とも言える作品で、過去から出会ってきたすべての人たちが、世の中に発信したかったものです。掲載されているすべての人たちの「顔」が、それを物語っています。

多様性が重要視される今日において、障害者の社会参加はその典型的なものであることを、企業は重々承知しています。企業をはじめ、障害者雇用にたずさわっている方々はもちろん、一人でも多くの人にご覧いただき、障害のある人たちがさまざまな職場で学校で場面で活躍している姿から、何かを感じ取っていただければと思います。

私も、製造業という立場から、長年、彼らとともに生産活動に従事してきましたが、彼らのもつ能力は無限大です。障害者だからできない、無理だ、はありません。一人一人にチャンスを与えて、彼らの能力を引き出すことのくりかえしが財産となり、企業の発展を支える礎となるのです。

（ひぐち・かつみ　ホンダ太陽株式会社常務取締役・事業本部長）

Ⅲ章

新しい流れとこれからの課題

対談

松矢勝宏
小山博孝

国際的な権利保障の流れの中で

小山　ここでは、Ⅰ章で松矢先生が解説してくださった障害者雇用の展開と、Ⅱ章で僕が写真と短文でレポートした障害者雇用の現場の両者を踏まえながら、先生と僕で語りあいます。

松矢　はい。よろしくお願いします。現在の独立行政法人高齢・障害・求職者雇用支援機構、とても長いので、ここでは高障機構といいますけれども、この機構の障害者雇用促進に関する広報誌、啓発誌といってもいいですが、『働く広場』の取材のキャリアでは私よりも小山さんは10年以上も先輩です。まだ、身体障害者雇用促進協会といっていた時代ですね。

小山　そうですね。１９７６年に身体障害者雇用促進法が改正されて納付金制度ができ、事業主に法定雇用率が義務化された翌年に協会ができ、『働く広場』が刊行されたのです。協会が納付金制度の運用を国から委託され、助成金制度が始まっていく時代ですね。当時、僕は岩波映画に勤めていて、姉妹会社の岩波書店で出版している雑誌のグラビアで、障害者の就労に関係する写真を手がけていました。その仕事がきっかけで『働く広場』のお手伝いを始めました。

松矢　当時の私は東京学芸大学の専任講師時代で、まだ若く元気で、新しい課題にはなんでも飛びつきました。東京学芸大学にはろう学校教員養成課程があり、聴覚言語障害関係の優秀な研究者で指導者である小川　仁教授が協会の調査研究を受託しました。開始されたばかりの規模が大きい企業の聴覚障害者雇用の実態調査と、聴覚障害者の雇用管理の手引きづくりのお手伝いをしました。これが協会にかかわる最初の仕事でした。あの当時、小山さんは取材先などで障害者雇用や権利保障についてどんな感想をもちましたか。

小山　あのころには、まだ「点字ブロックは車椅子のじゃまになる」とか、「逆にスロープは視覚障害者にとってはじゃまだ」とか、そういう議論がある時代でした。

松矢　そうでしたか。国際障害者年は1981年。1983年から国連・障害者の10年がはじまります。それに先だって国連総会における1975年の障害者の権利宣言の採択があります。国際労働機関（ILO）による1983年の職業リハビリテーションと障害者雇用に関する条約は、1987年の身体障害者雇用促進法の改正である障害者雇用促進法の制定に直接の影響がありました。この時期は障害者の権利保障、国際障害者年からは完全参加と平等とかノーマライゼーションの国際的な流れを背景に、日本における障害者による当事者運動がエネルギーを蓄えていく時代でしたね。そういえば、岩波新書のベストセラーで、いまでは障害者理解や障害者運動・施策の歴史研究では古典的な文献になっている大野智也先生による1988年の『障害者は、いま』で使われている写真は、小山さんによるのですね。

小山　大野先生は日本短波放送の記者でしたね。日本の障害者問題の取材では第一人者で、障害者団体の連合体である国際障害者年日本推進協議会の広報部長をされ、つづいて身体障害者雇用促進協会の広報課長になったのです。僕も当時はひじょうに若く、障害者運動や雇用の動きのすべてが興味深く勉強になったのですが、大野先生の新書がこんなにたくさん売れるとは思わなかった。いまではときどき残念に思うことも正直ないではないですが、出版時の印税の契約では金額にぜんぜん関心がなかったのはほんとうです。ところで、松矢先生は国際障害者年とはどういう関係でしたか。

松矢　大野先生はジャーナリストとして障害者問題の第一人者でしたが、全日本手をつなぐ親の会や知的障害者福祉連盟の国際障害者年長期行動計画作成の支援者で、責任者をも引き受けておられました。国際障害者年推進協議会の副代表で親の会の会長でもあった仲野好雄先生や親の会専務理事の皆川正治先生から、大学教員で就労問題の研究者がいないから君が担当しろと命じられ、大野先生の部下になったのが始まりです。その後、これからは若い研究者ががんばる時代であると、仲野・皆川両先生から推薦を受け、1983年に設置された推進協議会の政策委員会委員、さらに『働く広場』編集委員になり、そして厚生労働省の日本障害者雇用促進審議会委員(現在の労働政策審議会障害者雇用分科会委員)の委嘱についてもお二人の推薦があったのだろうと、いまでも信じています。小山さんと私にとって大野先生が障害者雇用に関する共通の恩師であったことが、『働く広場』取材で息のあった二人三脚を可能にしたのかもしれませんね。

小山　故人となられた大野先生の想い出は、僕たちの共通の財産です。ところで、松矢先生は制度改革に関係する審議会委員と、社会の啓発が目的の『働く広場』の編集委員をかねる時期が長かったので、この間の障害者雇用の進展をどのように見ますか。

日本における障害者雇用促進の漸進的発展と特徴

松矢　はい。やはり画期的なできごとは、知的障害者が法定雇用率の算定の基礎に加えられ、1998年

7月から法定雇用率が1・8％時代になったこと、その後に精神障害者を身体障害者あるいは知的障害者と見なして実雇用率にカウントすることで2013年度から法定雇用率が2％になったこと、そして現時点でいわゆる精神障害者の雇用義務化が2018年度から始まるところまできていること、こうした漸進的な発展がひじょうに感慨深いです。障害者の当事者団体、親の会や家族会などの支援団体の運動はもとより、障害者を受け入れる企業の努力や社会貢献がきわめて大きかったと思います。

小山　僕もそう思いますね。障害者団体からはあまり話題にされませんが、除外率の段階的撤廃もこの間の大きな改革でしたね。法定雇用率は身体障害者から始まったのですが、たとえば運輸業や製鉄業では障害者の危険な業務が多いということで、除外率が50％でした。この問題の対応では、松矢先生の参加した審議会ではどうでしたか。

松矢　あれは2002年の障害者雇用促進法の改正で、段階的に完全撤廃することが決まりました。すでに障害者権利条約の採択が国連で日程に上っていましたので、取り組まなければならない課題でした。除外率はどのように定められたか。納得のいくような除外率の科学的、客観的な根拠がないことが審議会の検討で明らかになりました。運輸業である鉄道業で常用労働者が5000人の会社であれば、50％の除外率ですから、法定雇用率の対象となる労働者は2500人ということです。危険な50％の職種や作業種について具体的な根拠をしめすことができない。船舶業が除外率100％。船舶業の会社で障害者が働くことができる事務的職種があるはずなのに、船舶業は船上の仕事という想定なのです。審議の結果は明白でしたが、この改正に企業側の抵抗はなかったわけではありません。

小山　実施後の企業の対応はどうでしたか。

松矢　審議会の答申にもとづいて障害者雇用促進法が改正され、２００４年と２０１１年にすでに2度各10％の削減が実施されています。２００２年改正後に高障機構に除外率縮小を円滑にすすめる研究会が発足し、その座長を委嘱されて緊張しましたが、対象となる企業団体の協力をえることができ、縮小は第1回から混乱なく実施されたのでした。ですから鉄道業はいまでは30％の除外率です。企業の協力により障害者の雇用促進は漸進的に、そして今日まで順調にすすめられてきていると私は評価しています。

小山　欧米諸国と比較して、日本の障害者雇用をどのように評価していますか。

松矢　たとえば納付金制度を例にしましょう。日本の障害者雇用促進法では、事業主が雇用しなければならない障害者数を雇用していない場合、1年に1度、納付金を納めることが義務とされていますね。雇用義務をはたしている事業主とはたしていない事業主の経済的負担などのアンバランスをなくすために、この納付金制度で社会連帯責任の理念から雇率達成事業主に助成金制度等を設けているからです。不足する障害者数1人あたり1カ月5万円です。この納付金の納入率は、なんと９９･９９％です。ヨーロッパ諸国では法定雇用率は高いですが、納付金の集まりぐあいはあまりよくありません。ですから日本の納入率を知ると、そんなに高いのかと関係者のみなさんはびっくりされます。私は高障機構の内部評価委員なので、業績評価をするにあたり、納付金の納入率はいつもスペシャルのSです。

アメリカ合衆国からリハビリテーションの専門家などが来ると、日本のほうが知的障害者の職域が広い。当地では一般にやりたがらない職種が多いと言われます。マクドナルドやスターバックスの知的障害者雇用に触発された日本にとっては、意外な感じです。多くの特例子会社で、親会社を含め知的障害者にとって可能な仕事を切り出す方法で支援のノウハウが広がっていき、雇用企業全体の職域の拡大につながったと、私は考えています。

小山　海外を取材して思うのが、障害者を働かせるという発想が弱いということです。宗教などから、なぜ障害者まで働かなくちゃいけないのかとか、競わせちゃいけないとか、そういう思想があります。スポーツなら競わせてもかまわないけど、アビリンピックのような職業的な競争は、ノーという発想を強く感じます。

そのアビリンピックが2016年、フランスで開かれます。これまでヨーロッパでは、フランスもオランダも手を挙げたにもかかわらず、予算の問題と、なぜ競わせるのかという思想で反対されてできなかった歴史がありました。ところが最近、それが少し変わってきました。ヨーロッパからの視察はあまりなかったのですが、2007年国際大会静岡大会ぐらいから少しずつ増えているなと感じていました。取材に行くと、資格をもっている身体障害者などエリートが働く環境はすごくいいところだけど、知的障害者が働く環境はいいところとは思えませんでした。

雇用促進とノーマライゼーションの一体化

松矢　3年前に筑波大学で日本特殊教育学会第50周年記念大会が開かれました。記念大会なので、アジア諸国から親の会のリーダーをも含め多くの参加者がありました。そのときのシンポジウムで、韓国の親の会の方が「まだまだ偏見が強く、知的障害者がつくった食べ物は売れないことがあります、私たちも焼きたてパンやお菓子をつくり、がんばっています」と発言されていました。会場には、大学周辺の作業所から焼きたてパンをはじめいろいろな製品の販売店が開かれていたのですね。日本では作業所などの焼きたてパンや食品加工はかなりすすんできていると思います。いまでは知的障害特別支援学校高等部で、学校喫茶や食堂を開店する試みがすすんでいます。市民にも偏見がなく「よくがんばっているな」とファンになってくれます。作業所でも学校でも市民がどんどん買ってくれるのです。日本ではそういう意味でノーマライゼーションがかなり浸透してきたといえます。

小山　そういう傾向はこの何年かすごく出てきたと思います。ところが、国際障害者年のころはそうではありませんでした。障害者のつくるものは汚いというような偏見が強く、事実おいしくなかった。しょうがない、頼まれるから買うという人が多かった。パンやケーキをつくって役所にもっていくと、「役所の人たちは喜んで買ってくれます。評判がいいのですよ。小山さん」とよく言われました。でも、施設の人たちは勘違いしていたのです。僕は「市役所で評判がいいなら、一般で売れるはずです。ほんとうは評判はよくないんです」と何回も言いました。「質をよくしなければダメだ」とヤマト運輸の小倉会長さんたちが動いて、スワンベーカリーを展開し、技術をしっかり身につけようという動きが始まったのです。

いまでは、クッキーで2億円を稼ぐ施設があります。滋賀県の「がんばカンパニー」は、施設がつくったクッキー工場で、年商2億円です。そういうところも出てきました。

松矢　『働く広場』でも取材しましたが、作業所が焼きたてパン屋さんを開いて、売っていくことが、1980年代の終わりごろからひじょうに活発になります。それもノーマライゼーションの進展の結果だと思います。福井県のC・ネットふくいの取材のときでした。街道に面した店ですから営業時間が長くなるので、障害者もけっこう遅い時間まで働きます。こうして作業所の利用者の方々の働き方も変わってきました。また、島根県の桑の木園がつくった授産施設のパン屋さんは地域で評判になり、市場競争で負けないほどになりました。いまは障害者総合支援法になり、授産施設という言葉はなくなりましたが、桑の木園は、授産施設が大学の食堂経営を受託するという形で地域の産業社会に参入したのですね。

小山　石見神楽の衣装は1着250万円です。最初に桑の木園に先生といっしょに取材に行ったときは、始めたばかりのころでしたね。それがいまは、伝統を完全に守りながら、全部できるようになっています。もともと地域でおこなわれていた作業を、障害者と地域の人たちが1カ所に集まってやっています。衣装もつくれば、面・蛇胴もつくっています。伝統の技術を知的障害者たちが受けつぎ、守っているのです。同時に、自分たちの神楽集団をつくって演じてもいます。

松矢　雇用促進とノーマライゼーションの流れが一体となって、障害者が働く社会参加の機会がこの20年間ぐらいでドッと増えてきたのですね。

特例子会社の存在が大きい

松矢　日本の障害者雇用促進法が世界に誇れるのではなく、それを実践している現場が、世界に誇る実態をつくりあげていることになります。

障害者権利条約では「合理的配慮」という言葉が使われています。新しい障害者の権利保障の用語です。２０１６年4月より、日本における差別禁止法である障害者差別解消法が実施されます。また、２０１３年の改正障害者雇用促進法による差別の禁止と合理的配慮の提供についても、同じく実施されます。いま、教育、福祉、雇用の領域で合理的配慮をどのように理解し、その提供を実施していくか、侃々諤々と議論がつづいています。障害者雇用の領域では、合理的配慮という用語に未知な時期から、熱心な雇用の現場がすでにそのような理念の実現に取り組んできたと思います、障害者が働きやすい職場、そういった基盤整備の経験から得たノウハウをまとめ実践していけば、日本は障害者雇用の合理的配慮ですすんでいる国になっていくと思います。

特例子会社は、日本特有のもので障害者雇用促進法に規定されているのです。しかし、障害者団体のリーダーでその現場を知らない方が少なくありません。「分離した職場だ」といって、特例子会社に反対した方がいます。ところが、実際に行ってみると、そこが親会社を含め企業全体のノーマライゼーションのセンターになっていることに気づくのです。働きやすい環境なので、そこで働く障害者は多いですが、そこから健常な人たちといっしょに働く職場に行っている人もたくさんいます。

小山　企業側がもっともお金をかけるのは、働く現場です。最初はそれを大きな工場で建てることはできません。特例子会社の中で、障害者向けの設備をテスト的につくっていくと、助成金も出る。そうして、引き戸にすればみんなが楽だとか、車椅子で楽だということはキャスターでものを運ぶのにも楽だとか、つくったものを通じてみんなが気づきはじめるわけです。それがハートビル法につながりました。いまつくられる新しいビルは全部ハートビル法基準だし、障害者だけでなく、働く人たちの誰にとっても、便利な工場であり、建物になってきました。

松矢　アメリカの関係者は、雇用率制度、障害者雇用促進法に反対です。ダイバーシティ（多様性）の尊重、が原則の国です。雇用率ではなくて、人間が障害者を含め多様であることをみんなで認めるのだ、働く力さえあればそれを認めればいいじゃないかということです。

アメリカ合衆国の障害者差別禁止法ＡＤＡでは、福祉機器やＩＴなどを使って、健常者と同等に働ける人を「有資格者」と言います。それを企業が認めず雇用しなかったら、多額の罰金が科せられます。もし雇用してくれなかったら、障害者自身が訴えればいいという考えです。訴訟があたりまえの国で、有能な弁護士も多くいるので、裁判で争うわけです。そして働けるとなると、いろいろな連邦政府の補助金がついてきます。福祉機器やＩＴの活用による障害者の雇用は日本よりもすすんでいます。しかし、知的障害者への適用はどうなっているのだろうか、疑問に思っているところです。

ヨーロッパでは、雇用促進法と差別禁止法の両方を使っています。日本はまだ障害者の権利保障が十分ではありませんから、それを補うために雇用促進法が必要です。障害者が強くなれば、禁止法に違反していると疑えば、裁判所に訴えればいい。その両方を使っていけばいいと私は考えています。

特例子会社においても、親会社を含めて雇用されている障害者に、ほかの従業員と平等の身分保障をしている企業が存在します、このような企業がどれほどあるか存じませんが、三越伊勢丹ソレイユでは、全員が組合員です。百貨店では、パートの従業員（契約社員）についても重要な労働者なので組合に入れます。賃金体系も平等で、仕事に応じて支払い、昇給についても配慮されている。組合員ですから、おかしなことがあれば、どんどん組合に訴えていけばいい、このような説明を見学してうかがいました。

そういうすすんだ考え方をどれだけ共有できるかが、「合理的配慮」をすすめていくために必要だと私は思います。『働く広場』で、そういったことも話題にしながらすすんでいくことが大切です。

厚生労働大臣による優良企業の表彰をしているのは、そういった基盤整備に必要です。そういう好事例をどんどん普及させていってはどうか。強制的に合理的配慮をすすめることよりも、企業が相互に好事例から学び、ノウハウを共有していくことが大切ではないでしょうか。

小山　国際障害者年に東京で国際会議がありました。そのとき、日本が国際アビリンピックを提唱して、第1回の国際アビリンピックは東京で開かれました。つまり技能五輪です。日本の障害者雇用の第1ステップがそこで大きく上がり、その後は法律改正と同時に、知的障害者について先生がおっしゃったところが第2ステップとなり、どんどん実雇用率が上がっていきました。海外とくらべて、日本の障害者雇用はいいところにいっていると僕も思います。

当事者の力の発揮が雇用促進の大きな力

松矢　『働く広場』のような広報誌のよさは、実例をしめしていることです。アビリンピックもそうです。特別支援学校に通う知的障害の生徒たちが、アビリンピックで活躍しています。喫茶サービスやパソコン入力などで力が発揮できることが、検証されているのです。障害者の力をしめしていく役割ですね。元公立中学校教師で全盲のパラリンピック水泳競技金ダリストの河合純一さんを、教員時代に『働く広場』のグラビアでとりあげたときも、大きな話題になりました。２０１４年の秋に仙台で開かれた日本障害者リハビリテーション協会が主催する総合リハビリテーションの研究大会で、河合さんはシンポジストとして発言されました。いまはパラリンピック出場者経験者の一般社団法人パラリンピアンズ協会会長として活発に講演活動をされていますが、教員時代に「防災訓練のときに、40名の子どもをどうやって逃がすのですか」という質問を何度も受けたそうです。「子どもを何人も抱きかかえられる体力のある教員だって、災害時では大変なはずです。だから、とうぜんのことですが、そのような緊急時に適切に行動ができるように、児童・生徒に事前の指導をし、冷静に対応できる能力を育んでおくことが大切なはずなのに、そんな見当違いな質問が15年前にはよく飛んできたものです」と語られ、「日本でパラリンピック2回目の開催になる２０２０年東京オリンピックまでがんばっていきたい」という誓いの言葉で会場をわかせておられました。

小山　同じくグラビアでとりあげた上越市役所で働く清水晃さんは、視野狭窄で重度判定です。彼が言うのは、自分たちの障害をどうしたら相手にわかってもらえるか、そういうものを何も用意しないで職場に入る障害者が多すぎるということです。用意するものは、自分がこれだけしか見えないので、それを補うためにはこんな機械があります、その機械を導入するのにこんな制度があります、というようなことです。この職場環境では私はこんなふうにして仕事をします、という自分の障害への対応や補う技術など、いろんな武器を、相手にわかってもらえるように書類か何かを用意しておくべきだと言うのです。そう言われて、僕もはじめてそう思いました。これからは、そんな用意をした障害者も増えてくるのかなと思います。

松矢　ＡＤＡ支持者にはそうあるべきだと考える人が多いです。こうあれば私は働けるのだと、もっとアピールすべきだというのです。確かに、割当法といわれる障害者雇用促進法だと、そういうアピールする当事者の力を阻害するかもしれません。がんばっているから活躍しているだけでなく、その人がいろいろなものを活用して、いまの地位を獲得しているということを明らかにすることが重要ですね。

小山　清水さんのように役所関係だと、障害者雇用率が高いし、採用される可能性も高い。でも、全国的にはかならずしもそうではありません。上越市役所の受け入れ窓口の人事担当者も、彼がこんな機械がある、こんな法律がある、こういうふうに申請すれば助成金も出ますとか、いろいろな情報をくれたので、市長をはじめ内部を説得するのにとても役立った、と話してくれました。そんな情報を役所はとうぜん知っていると考えがちですが、じつは知らないのです。だから、そういう準備をちゃんとすれば、彼のような人がもっと多く役所で働けるのだと、僕はいつもそう思っています。

松矢　法律の見直しによる障害者の権利保障が障害雇用を進展させる大きな力ですね。法律の欠格条項の見直しがそうですね。小山さんの取材ではいかがでしたか。

小山　聴覚障害者が薬剤師の国家試験からはずされていることが見直されて、資格がとれるようになった。その1号取得者になる方が数人いらっしゃって、岡山在住の方の取材をしました。

松矢　運転免許についてもそうですね。道路交通法でも聴覚障害者に制限があった。私はこのことには無知でした。1979年に所沢に国立職業リハビリテーションセンターができて、学生と見学に行ったとき、紹介ビデオで聴覚障害の訓練生が就職して、センターから車を運転して職業生活を開始するというエンディングの場面にとても感動したのです。自動車の練習場も完備されているのでね。出身地に帰り就職するには、出勤に車を必要とする人は多いので、ここまで支援しているのか、と感心したのです。じつは法律の制限が緩和されたのは最近のことで、実際のところ力のある方々ががんばって免許を取得し、世論を喚起していったのが事実ではないでしょうか。働く権利の実現に車が必要になる地域は多いのですから。

小山　最近では知的障害者の入所施設からの移行支援で、運転免許取得の支援をしてケースが増えていますね。職場の取材先でも、特別支援学校高等部の卒業生で運転免許を取得して通勤している方もだんだん増えてきています。フォークリフトの免許取得もそうですね。

能力を見つける、引き出す

小山　企業にとってなくてはならないという人たちも、知的障害者や発達障害者を含めて出てきています。製造業の検査部門で、パーツの傷を探す能力を発揮していて、納入先の会社から、彼が検査したものは100％OK、トラブルがないという話を2、3社で聞きました。

とくにすごいと思ったのは、栃木の会社でした。前はBさんという健常者が検品作業をしていて、発達障害者だと思うんですが、会社では知的障害者と言っていたAさんがアシスタントでずっとくっついて仕事をしていました。Bさんが定年退職した後、その仕事にいろんな人が就いていました。けれども、Bさんといっしょにやっているときのこの仕事ぶりを、親会社の方がよく知っていたのです。親会社や納品先がチェックに来て、Aさんの検品はいいとわかっていたのです。いまではAさんがそこの責任者になってずっとやっています。社長さんは、Bさんが10万円とっていたら、Aさんも同じ仕事をしているのだから10万円を払わなければおかしいという考え方です。年齢給はどうなっているか知りませんが、評価は同じで給料を上げたと言っていました。そういう会社も出ていますね。

一方で、仕事がしっかりできていても、あくまでも障害者という扱いで、最低賃金のちょっと上ぐらいでもう十何年そのままというところもあります。口では「彼はうちの会社になくてはならない存在なんです。いろいろやってくれています」と言う。「ところで、彼の給料はどうなっているんですか？」と僕は意地悪だから聞くわけです。「いや、それは」となる。そういうのはダメです。

パートのおばさんが、Aさんの仕事を見ていて、Aさんは知的障害者だということを知って、「なぜ私の時給は彼よりも安いんですか」と文句を言ってきた。それに対して、担当者は「あなた、明日1日中彼の仕事を見ていてください。あなたにはちゃんと時間通り見ていてもらうことが仕事です」と、1日中見させたそうです。そうしたら、その日の帰りに「私、いままで通りの時給でけっこうです」と言った。彼の仕事ぶりがわかったわけです。さまざまな形で、作業グループのチーフになっていくケースが増えています。

自信をつけると、より仕事ができるようになるものです。誰でも人に教えたり、自分が指導したりという立場になると、ちゃんとやろうとして再学習し、すごくステップアップする。そういう職場が増えているし、そのように本人の主体性を支援している会社は伸びています。この38年間取材しながら感じてきました。

松矢　知的障害者の能力は、まじめにコツコツと単純な作業でも飽きずにやることだと言われていました。ところで、受け入れた企業ではいろんな仕事をやってもらいたいということでやっていくと、6時間あるいは8時間のうちに、3つとか4つの作業種をこなせることがわかってきた。グルーピングや手順書を工夫して、1日に3、4種類の仕事をグループを変えてもできることがわかってきた。このような理解も大きな変化だと思います。だから、特別支援学校高等部の職業学科では、企業のやり方を導入して効果が出てきています。企業がラインの工程や手順書をよりよく工夫して、知的障害者の力を引き出してきたというところが大きな変化ですね。

小山　いままでは、学校で先生がつくっていたんですね。作業学習は実用できる製品、完成品をつくるんだという観点が欠けていた。企業や事業所から見ると、品質管理、生産性という観点から、安全、衛生、手順という大切な配慮が落ちている。それらのことを企業人のアドバイザーの方々がどんどん意見を言うことができる、そのようなシステムを教育委員会が認めてきた。とくに東京都をはじめあちこちでとりいれてきた方法が、全国の特別支援学校の中でとりいれられ、就職率アップにつながりました。東京都も20％台から40％台になりました。そういうことがものすごく大きいですよね。

松矢　企業のノウハウを学校が学んだということです。先進的な企業が工夫して、彼らの働きやすい職場環境をつくった。アドバイザーや就労支援担当者の配置を文部科学省の施策にとりいれたことも大きな要因ですね。知的障害特別支援学校の就職率の上昇は、知的障害者の雇用義務化や法定雇用率2％効果があり、企業の協力が大きかったですね。

小山　学校が職業教育の改善をしていないころ、取材に行って感じたのは、企業主のほうが障害者に適した教え方が上手だということでした。僕はずっとそう感じていて、聞いたりしますと、事業主は「給料分だけ働いてもらわなきゃ困るんです」とはっきりと言います。そのためには、障害にあわせていろんなアイデアやシステムを考える。数を数えられない子は、100個に分かれたケースをつくるところから始めたり、さまざまなアイデアを出して、効率よく作業をすすめられるようにした。その安全性と確実性づくりが上手ですね。こういう段取りでやれば同じ長さに切れるとか、片手でも作業できる機械とか、補助具をつくっていくわけです。そういうノウハウが、ホンダ太陽などには蓄積されていて、商標登録したものもあるし、ホンダの全国の自動車工場で取り入れて採算性が上がったという話を聞いています。それがいま海外に進出しています。すると海外で、そのノウハウが活用され、全部同じ部品が安全で確実にできるということにつながっているそうです。

松矢　ピッキングのアイデアなどもそうですね。百貨小売業の丸井の特例子会社マルイキットセンターではじめたピッキング作業の方法もそうでした。店舗で必要な用度品をピッキングする場合に、たとえば包装紙を大きさ順に同じ棚に配列するよりも、バラバラの棚から数字と記号でピッキングするほうが間違いが少ない。養護学校の卒業生がなぜ間違えるのかを考え、間違いを少なくする方法をいろいろ実験したそうです。数や大きさの理解力を育成する学校の教育法を一見無視する方法ですが、企業の現場では間違いを少なくする経験知を大切にする。もう二〇年も前になりますが見学に行ってびっくりしたものです。

小山　各地の営業店から伝票が電送されてくる。記号と数字で表わされているさまざまな用途品を棚からどんどんピッキングして、店ごとに発送する箱に入れていく。

いつでも具体的な発想法が必要、固定観念を捨てること

松矢　いまでは障害者を雇用している企業では、この人の職業適性はなにかという抽象的な発想法ではなく、この人にできそうな仕事を会社あるいは関連会社中から探し、切り出し、１日、１週間の勤務時間と仕事を構成するという手法をとりますね。そういうことがわかっていながら、私は長い間、保育所の保育、老人ホームの介護という仕事はやはり専門職の仕事と考えていました。このような考え方が根本的にまちがっているということを、沖縄県の保育所と老人ホームの実践から教えられたのです。沖縄県では企業が少ないので、なかなか実習先が見つからない。そこで国や県、また市町村の予算で経営している保育所や老人ホームで、せめて実習だけでも受け入れてほしいと養護学校校長会が教育委員会を通して県の福祉課に要望書を出し、実習がはじまったのです。受け入れた保育所や老人ホームでは知的障害のある実習生の受け入れ経験がまったくない。そこで実習生に手伝ってほしい仕事、補助的な仕事を切りだしていき、そして生徒にじっさいにできる仕事で実習してもらう。このような実習法で、就職まで実現したのですね。このことを親しい校長先生からお聴きし、ただちに沖縄の取材をしました。帰ってきて、沖縄県立高等支援学校の先生をお招きし、全国の進路指導教員に呼びかけて公開講座を開催しました。これがきっかけで、全国的に保育所や老人ホームでの実習受け入れと就職実現が普及していくことになりました。老人ホームについては、当時３級ヘルパーの講習があったことも幸いしました。

小山　取材は２０００年ごろでしたか、僕も同行しましたが、こんなに全国的に受け入れがはじまるとは思っても見なかったですね。この本でもその後にグラビアで紹介した保育所や老人ホームで働く方々の写真を再録しています。実習などの受け入れ方法のノウハウも重要だが、彼らの幼児やお年寄りへの接遇の態度、温かさ、とか人柄がとても大きく評価されたのですね。これは大発見といえます。

松矢　同じように新しい取り組みが病院でもはじまっていますね。千葉県柏市にある国立がん研究センター東病院では、看護師さんの付帯業務である注射針や絆創膏を事前にカットする仕事や点滴器具の洗浄などの仕事ですが、医療の現場に職場があります。

小山　一歩一歩、すすんでいくのですね。こうした先行事例を全国に普及したいです。

松矢　対面の職種が増えているということも大きいです。フェイス・トゥ・フェイス、バックヤードからフロントヤードへというのは、最近の大きな流れの一つですね。フェイス・トゥ・フェイス、ようするにフロントです。じっさいに接客する障害者が増えてきた。これまではスーパーの裏方とか、洗ったり箱に入れたりとか、せいぜい品出しぐらいだったのが、どんどんじっさいに販売する側に移っています。

小山　接客とは別に、駅とか郵便局とか空港とか、一般の人たちが公共的に使うようなところでも、堂々と目につくところで仕事をしている。とくに東京駅の大にぎわいの弁当屋って、僕は知らなかった。先生も知らないと思うんだけど、こんど気をつけて見てみてください。東海道新幹線の中央改札口の中で、振り返ると後ろに駅弁屋 祭があります。日本中の駅弁が売られていて、そこにいますよ。

1人は知的障害者で、ハッピを着て、ふつうの人と同じように、レジから全部やっています。もう1人は、品出しです。1時間に1度ずつ、つぎからつぎにどんどん売れていくから、1時間に1回ずつぐらい冷蔵ケースに飲み物などを入れていくんです。上手ですよ。ものすごく混んでいる中を「大変失礼します。すいません」と言いながら、飲み物などの箱を10センチずつ動かしていくんです。大戦力です。こんな忙しいところでよくぞ、と思いますね。

障害者が職場を変える

松矢　どの会社も、障害者を雇用することで、社員全体のコミュニケーションがすすんだとか、礼儀作法もよくなったといいます。特別支援学校の卒業生は、前段階でマナーの訓練をひととおり受けてきます。化粧法も資生堂の人に来てもらって、ひととおりの講習を学校でやることもあたりまえになったわけです。

小山　あいさつ名人になるんです。誰に対してもきちんとあいさつする。一般社員の中には、あいつは嫌いだからと、同僚でも無視したりする。ところが、彼らはしません。社長であろうが誰であろうが「おはようございます」と、会ったらかならずあいさつする。それが会社の中に浸透していって、会社の中が明るくなったとか、よく聞きます。

一番いい例が関西電力の本社です。朝の出勤時、高層ビルですからエレベーターが10基ぐらいありますが、混雑しています。社長が出勤すると、エレベーターラッシュなのに、誰も乗ろうとしません。そこにメール便サービスをしている特例子会社の知的障害者の社員が台車を押して入ってきて、「すみません、ちょっと奥空けてください。おはようございます。すみません、18階お願いします」とやるわけです。いいでしょ。そうしたら、社長は役員会で特例子会社取締代表の戸田さんに「俺にあいさつしてくれるのは、戸田のところの社員だけだよ」と話したそうです。役員たちも「社長に対してもそうですか？　僕に対してもそうなんですよ」となりました。そこに部長や課長もいるので、その日のうちに会社中に「うちの社員はあいさつができない」と社長が言っていると伝わった。つぎの朝、エレベーターホールがうるさい。社員たちが「おはようございます」と、おたがいにあいさつしあっていた。「それから会社の中が変わりました」と重役さんが話してくれたんです。大笑いです。そういう話は日本全国いろいろなところで聞かされますよ。

松矢　さっきの手順書とかラインの工夫も同じですね。障害者雇用で工夫したことが、全部のラインに生かされる。間違いが少なくなるのでこの方法がいいとなると、それを一般化する、そんな話はしょっちゅう聞きますね。社員のマナーの向上にも大きな影響力がある。

小山　福井の丸岡南中学の学校給食。知的障害者たちが給食サービスのために朝からずっと作業をしている。彼らは、生徒にも先生にも「おはようございます」「いらっしゃいませ」「ありがとうございました」といつもあいさつしている。すると、知らないうちに、先生も生徒も全員あいさつするようになった。障害者たちが一生懸命働く姿を見ることによる教育効果も大きく、いじめもないし、転校生の受け入れも増えた。みごとに学校を変えた。日本全国から見学のバスが来るそうです。

障害者ができることは、一般に誰でもできるというのが、ノーマライゼーションです。そういう環境とかシステムをつくれば、みんながべきるということに気づいた企業が成功していると思います。安全性も品質も上がる。そのために技術担当まで一生懸命になってやる。

これからの課題、精神障害者雇用について

小山　これからの障害者雇用の展望については、どうですか。

松矢　この対談では、精神障害者の雇用についてあまり触れませんでしたね。Ⅱ章の現場ルポで新しい動向を感じ取っていただくとうれしいです。先ほども触れたように、２００６年度から発達障害者を含む精神障害者を身体障害者あるいは知的障害者とみなして実雇用率にカウントすることにより、法定雇用率２％時代を迎えているわけです。毎年６月１日にハローワークを窓口に実施する障害者の雇用状況調査の結果からも、精神障害者の雇用数が着実に上昇しています。高障機構が障害者雇用促進を目的に都道府県に配置している地域障害者職業センターの相談・支援数においても、発達障害者を含む精神障害者の利用者数が半数以上を占めるようになっています。こうした情報は『働く広場』において詳しい解説や職場ルポなどで読むことができます。インターネットで「働く広場」で検索しますと、高障機構のホームページ、または『働く広場』の最新号がアップされます。ぜひご覧いただきたいと思います。

発達障害者については、学齢期は特別支援教育の支援対象として文部科学省での取り組みが強化されています。小学校や中学校の通常学級に在籍する、支援を必要とする知的障害のない発達障害のある児童生徒は、文部科学省の最近の調査では６・５％とされています。文部科学省の調査票で教員にチェックしてもらう調査ですから、正確な診断結果ではありません。しかし、気づいた段階で支援を受けていくことが必要です。

欧米では国際化がすすみ、肌の色、民族、種族、言語、文化、宗教などとひじょうに多様化がすすんでいます。家族のあり方も多様です。離婚件数は日本よりも多く、母子家庭、父子家庭はあたりまえであり、正式な婚姻なしの事実婚の家庭もめずらしくなく、日本とくらべ里子や特別養子縁組の家庭などと多様です。多様であり差異があたりまえの社会では、ダイバーシティ、多様性の尊重が浸透しています。インクルージョンにしても、日本のように障害のある子とない子というような二分法ではなく、ソーシャル・インクルージョンとして地域社会の大切なモラルになっています。障害という差異についても気にせずに、カミングアウト、オープンしやすい環境といえます。1学級の生徒数も日本より少ないし、個別的な対応や支援はあたりまえです。

日本では、親御さんが子どもの障害をオープンにして、支援を受けることができる環境づくりに努めていく必要があります。知的障害のない発達障害の児童生徒の支援が、小学校、中学校において展開しています。高等学校や大学でも開始されています。12月の障害者週間で内閣府が主催した公開座談会は『働く広場』2015年3月号で掲載されていますが、私がコーディネーターになり、大学などにおける支援のあり方を話題にしたのですが、会場は満席となり、企業や関係機関の関心の高まりを感じました。

小山　まだ時間と支援の実際的な展開が必要と感じますが、2018年度からの精神障害者のいわゆる雇用義務化に向かって、教育と福祉も連携しながら施策展開がなされることを期待したいです。

コラム
Column

働きつづける支援に向けて

松永 正昭

障碍者雇用にたずさわって50年、雇用施策が大きく前進し、働く障碍者の増加はまことにほほえましいが、膨張する社会保障費が気になる。給付費の原資は国民の浄財、制度の持続に訓練等給付は期間限定減額スライド方式が望ましいと思う。また、食事提供加算は、障害基礎年金に含む食費との二重給付、国民からの批判は確実だ。親として、特別なあつかいを受けて暮らす、みじめな思いのまま、一生を終えたくない。この思いはいまも健在である。

法人設立から24年、重度障碍者にも「働きたい人に働く機会を与え、国民の義務である納税と社会保障の負担を求め、地域の中でさりげなく暮らす」を指針に、県内12カ所に福祉工場を整備、雇用した障碍者は県内総数の42％、雇用率を全国第2位に押し上げた。

C・ネットふくいは近未来を念頭に、事業の取捨選択と分社化をすすめて8年、A型事業所数を半分、障碍者も3割にスリム化、独立した事業所はこぞって元気だ。

今後の課題は、退行現象が見られる社員の処遇、65歳に達した人の介護保険事業への転籍、卒労者の生活保障、支援者確保のための処遇改善と資質向上教育の強化など、経営者の宿題は山積している。

一昨年、働く生活介護事業を開設したC・ネットサービスは、体力減退・若年認知症、昼寝希望者を対象に、合理的配慮の観点から、A型事業からの転籍者に、障害基礎年金とあわせ、生活保護額以上の所得保障をめざしている。

また、暮らしの安全確保にも多様な工夫を求められるが、小山氏の写真には、課題の改善に役立つヒントが随所に映し出されており、小山氏の今後ますますの活躍を期待している。

（まつなが・まさあき　(社福)C・ネットふくい副理事長、(有)C・ネットサービス社長）

おわりに

私が岩波映画・写真部でサラリーマンカメラマンとして働いていたころ、岩波書店の月刊誌『世界』のグラビアに、障害者問題を取材して発表したことがあった。このグラビアを見た、当時の日本身体障害者雇用促進協会(現、独立行政法人高齢・障害・求職者雇用支援機構)の啓発広報誌『働く広場』の関係者から、「企画・製作に協力してほしい」という連絡があった。これが、私が障害者の雇用問題にかかわりあうきっかけとなった。

当時は、障害者の多くは、働く場所も少なく、福祉施設などに入所して生活するのがあたりまえの時代だった。こうした中で、障害者の雇用を推進するために、障害者雇用促進法が制定され、障害者問題の専門家たちが編集委員として参加して、『働く広場』が創刊された。編集委員の一人に、大野智也さん(岩波新書『障害者は、いま』の著者)がいた。大野さんは、ラジオ放送局のディレクターとして全国を飛び回って、障害児・者のための番組制作に長年たずさわり、障害者問題の第一人者として活躍していた。

岩波映画を退社して、フリー写真家となった私は、大野さんの指導を受けながら、ともに全国各地で働く障害者のみなさんを訪ね、夢中で取材しつづけ、かつ飲み歩きまわった。こうして、本格的に障害者雇用をテーマに取材してきて、今年で38年目になる。

その間、何度も、障害者問題の取材から離れたい、やめたいと思うことがあった。そんなとき、「小山さん、障害者問題は息長くつづけることが大切です。がんばってください」と励ましてくれた指導者たち。また、「小山さんにとりあげてもらって、取材されてうれしい。発行を楽しみにして、仕事がんばる」と言ってくれる障害者当事者たち。それらの声に力づけられ、今日まで仕事をつづけることができた。

これまでに各地の取材先でお目にかかり、協力をいただいた多くの障害者のみなさん、彼らを支える企業、職場、学校、支援施設の関係者の方々に、いろいろと教えていただき、学ぶことも多かった。本書をまとめるにあたって、あらためてお礼を申し上げたい。また、長い間、『働く広場』をともにつくりあげてきた歴代の編集委員の先生方と、機構の職員、関係者の協力にも、感謝申し上げる。最後に、この本の出版にあたって編集を担当された岩波書店の森光実さんと、製作をしていただいたシーズ・プランニングの長谷川一英さんにも、深く感謝。

小山博孝

2015年5月

小山博孝
1944年，長野県小諸市生まれ．東京写真大学(現，東京工芸大学)卒業後，岩波映画製作所写真部にカメラマンとして入社．岩波映画，岩波書店でつくる映像，書籍などの制作に従事．22年間勤務後，退社．フリー写真家として独立．日本写真家協会会員．
岩波映画時代から障害者問題を取材．月刊誌『働く広場』(高齢・障害・求職者雇用支援機構発行)に広報担当専門委員として参加し，全国の障害者が働く現場を訪ね歩き，今年で38年目になる．
著書に『障がい者の仕事場を見に行く 1・2・3』(全4巻，童心社)がある．

私たちのしごと 障害者雇用の現場から

2015年5月28日　第1刷発行
2017年6月15日　第3刷発行

著　者　小山博孝《こやまひろたか》

発行者　岡本　厚

発行所　株式会社 岩波書店
〒101-8002 東京都千代田区一ツ橋 2-5-5
電話案内 03-5210-4000
http://www.iwanami.co.jp/

組版　シーズ・プランニング
印刷・三陽社　カバー・半七印刷　製本・松岳社

ISBN 978-4-00-061044-5　Printed in Japan